GIOVANNI CASETTA

ФЛОРЕНЦИЯ

НОВЫЙ НАИБОЛЕЕ ПОЛНЫЙ ПУТЕВОДИТЕЛЬ ПО ГОРОДУ

ß

BECOCCI EDITORE - FIRENZE

ИСТОРИЧЕСКИЙ ОЧЕРК

Флоренция обязана своим происхождением **италийцам**, которые позднее были покорены **этрусками**. Точная дата основания города остаётся неизвестной. При Императоре **Юлии Цезаре** на месте сельских предместий этрусского города Фьезоле **Суллой** в 59 г. до Р.Х. была заложена военная колония с "пожелательным" именем **Флорентия**, т.е. "Цветущая". Под владычеством лангобардов Флоренция была герцогством, в эпоху Каролингов — графством. Тем не менее, ни во времена Римской Империи, ни при варварах город не приобрёл важного значения. Подъём его начался вместе с общим подъемом Италии только в X—XI вв. В 1115 г. после смерти **маркграфини Матильды**, правительницы **Тосканы**, Флоренция, выгодно используя распрю **Империи** и **Папства**, становится свободной **Коммуной** (Вольным городом). В XII—XIII вв. в упорной борьбе с феодальными властителями городу удалось установить своё главенство над соседними городами. Во Флорентийской коммуне власть сразу захватили знать, богатое купечество и духовенство. Аристократические семейства, добиваясь полной власти, пребывали в постоянной вражде. Убийство **Буондельмонте деи Буондельмонти** в пасхальный день 1215 г. разделило дворянство на два лагеря: семейства **Амидеи** и **Уберти** — с одной стороны, **Буондельмонти** и **Донати** — с другой. Стороны присвоили себе названия **гибеллинов** и **гвельфов**. С этих пор началась знаменитая вековая вражда между ними. Однако, несмотря на эту междуусобицу, город процветал и стал сильным, благодаря торговле и войнам: он покорил Пизу, Пистойю, Вольтерру и Ареццо. После победы при **Монтеаперти** (1260) гибеллины, изгнанные из города десятью годами раньше, вернулись во Флоренцию во главе с **Фарината**

дельи Уберти. В 1267 г., в результате падения династии **Штауфенов**, гвельфы, поддержанные городскими низами, снова взяли верх. Гвельфская Флоренция победила Сиену (в битве при **Колле-ди-Валь д'Эльса** в 1269 г.) и Ареццо (в битве при **Кампальдино** в 1289 г.). Другой соперник, Пиза, был разбит генуэзцами у **Мелории** (1284). В результате, Флоренция начала властвовать над большей частью **Тосканы**. В конце XIII в. простые горожане поднялись против знати, и в 1293 г. учреждённые "*установления справедливости*" (предложение **Джано делла Белла**) передали бразды правления ремесленникам и торговым цехам, среди которых выделилось семь *Старших Гильдий*, образованных так называемым "толстым народом" (дворянами и богатыми купцами). В 1300 г. гвельфы разделились на "*белых*" и "*чёрных*". Первая партия (демократическая) группировалась вокруг семейства **Черки**, вторая (дворяне и богатые буржуа) — вокруг семейства **Донати**. Советом приоров (в числе приоров тогда был **Данте**) вожди обеих партий были высланы из Флоренции. Однако "чёрные" привлекли на свою сторону Папу **Бонифация VIII**, призвавшего во Флоренцию **Карла де Валуа**, в результате чего "белые" были изгнаны и среди них — **Данте** (1302). В 1342—43 гг. Флоренция попала в руки французского авантюриста **Готье де Бриенна**, имевшего титул герцога Афинского, который подверг город жестокой тирании и за это был изгнан. Освободившаяся Флоренция, не желавшая подчиниться *Папскому государству* (такую политику вёл местный кардинал **Альборноз**), вступила в борьбу с Папой **Григорием XI** (война "Восьми Святых", которых Папа, воевавший с флорентийцами в 1375—78 гг., называл "восемью дьяволами"). Последующий экономический и политический кризис выплеснулся в **восстание "чомпи"** (1378). Низы (мелкие ремесленники и рабочие), подавленные цехами, добились собственного цехового представительства, выраженного, впрочем, весьма демагогически. Реакция буржуазии не замедлила: в 1382 г. она свергла демократическое правительство, разогнала новые цеха и образовала олигархическое правление самых влиятельных семейств (**Альбицци, Каппони** и **Уццано**). Новое правление, несмотря на свою заслугу в сохранении независимости Коммуны от посягательств **Джана-Галеаццо Висконти** (1390—1402) и **Владислава**, неаполитанского короля (1409—1414), в итоге раскололось на две враждебные фракции — аристократическую и народную. В 1434 г. богатое и честолюбивое семейство **Медичи**, с **Козимо Старшим** во главе, оттеснило, с помощью горожан, семейство **Альбицци** и захватило власть. Козимо Старший основал псевдодемократический режим *Синьории*. После Козимо, правившего в 1434—64 гг., во главе города стал слабый **Пьеро**, прозванный **Подагриком** (1464—69), который снизил популярность Дома Медичи. Тем не менее, его сын, **Лоренцо Великолепный** (1449—92) был правителем мудрым: обезвредив *заговор Пацци* (1479) и заключив союз с Неаполем и Миланом, он способствовал политическому балансу и свободе Итальянских государств. Когда же Лоренцо скончался (ему было чуть более 40 лет), его сын **Пьеро** позволил **Карлу VIII Французскому** захватить Ливорно и Пизу, а затем вступить во Флоренцию (1494). Под влиянием зажигательных проповедей доминиканца **Джироламо Савонаролы** восставшие горожане изгнали Карла VIII и установили *Республику* (1494—1512). Религиозная и реформистская строгость Савонаролы не пришлась по вкусу Папе **Александру VI (Борджиа)**: 23 мая 1498 г. монах как еретик был повешен и сожжён на *пьяцце Синьории*. **Медичи** вернулись во Флоренцию, усилив свою власть: два члена дома взошли на папский престол (**Лев X** и **Климент VII**). В 1527 г. войска германского Императора заняли и разграбили Рим, после чего последовало очередное изгнание Медичи и установление ***Второй республики*** (1527—30). Однако Барселонский мир в 1529 г. между Папой и Императором положил ей конец. Императорские войска под командованием **Филиберто Оранского** осадили Флоренцию в 1530 г. Героизм защитников города, среди которых был **Микеланджело**, и воинские таланты их предводителя, **Франческо Ферруччи**, придали только блеск падению Флоренции в 1530 г. С возвращением во Флоренцию **Алессандро** (1532) династия Медичи получила герцогский титул, а с 1569 г., начиная с **Козимо I**, они

Шествие со столбами в праздник Св.Иоанна (сундук).

Исторический очерк

Вид Флоренции XV в., деталь.

стали именоваться **Великими герцогами**. Это придало законный вид власти Медичи, и с *завоеванием Сиены* (1555), герцогство распространило свои границы до пределов, оставшихся неизменными до 1737 г. В этом году мужская линия Медичи угасла вместе с **Джаном-Гастоне**, и Великое герцогство перешло к *герцогу Лотарингскому*, **Францу-Стефану** (**Франческо II**), мужу Марии-Терезы, австрийской Императрицы, поэтому Тоскана с 1737 г. попала под непосредственное правление **Габсбургско-Лотарингского Дома** (вплоть до смерти Франца-Стефана в 1785 г.). При его наследнике, втором сыне, **Пьетро-Леопольдо (Леопольд I)**, ставшим Великим герцогом Тосканским, государство получило определённую автономию и стало на путь реформ в духе Просвещения. За исключением короткого владычества французов (1799—1815), в Тоскане правила Габсбургско-Лотарингская династия. В 1860 г., в результате плебисцита, Тоскана присоединилась к Итальянскому королевству (при **Викторе-Эммануиле II**). После объединения Италии, с 1865 г. по 1871 г., Флоренция была столицей нового **Королевства**. Позднее, в 1880-х гг., по инициативе **Савойского Дома**, был разрушен исторический район у Старого рынка для сооружения помпезной площади Виктора-Эммануила II (современная **пьяцца делла Република**, выпадающая, к сожалению, из общего ансамбля Средних веков и Возрождения). С 1810-х гг. и до начала Второй Мировой войны во Флоренции существовала **Русская Колония**. Она была немногочисленна, но элитарна. Здесь постоянно жили известные аристократы: **Бутурлины, Демидовы** (князья Сан-Донато), **Кочубеи, Мусины-Пушкины** и др. На домах, где останавливались **Ф.М.Достоевский** (пьяцца Питти, 22) и **П.И.Чайковский** (виа Сан Леонардо, 64), установлены мемориальные доски. На рубеже веков русская община выстроила пятиглавый **православный храм** (виа Леоне Дечимо, 8) в московско-ярославском стиле, который считается самой красивой русской церковью в Западной Европе. Во время Второй Мировой войны Флоренция, будучи театром сражений между партизанами и немецкими войсками, потерпела серьёзный урон — особенно пострадали старые кварталы у **Понте Веккио** (единственный мост через **Арно**, уцелевший в августе 1944 г.). Позднее, при наводнении 4 ноября 1966 г., Флоренция пострадала ещё больше, но, в результате благородных усилий горожан и добровольцев (в т.ч. иностранных), приобрела свой прежний чудесный вид.

ПЕРВЫЙ МАРШРУТ

1. ПЬЯЦЦА СИНЬОРИИ
2. ЛОДЖИЯ СИНЬОРИИ
3. ПАЛАЦЦО СИНЬОРИИ
4. ПАЛАЦЦО УФФИЦИ
5. ГАЛЕРЕЯ УФФИЦИ
6. ЦЕРКОВЬ ОРСАНМИКЕЛЕ
7. ПАЛАЦЦО СУКОНЩИКОВ
8. ПЬЯЦА ДЕЛЬ ДУОМО
9. ЛОДЖИЯ БИГАЛЛО
10. БАПТИСТЕРИЙ
11. КАФЕДРАЛЬНЫЙ СОБОР (ДУОМО)
12. КАМПАНИЛА ДЖОТТО
13. МУЗЕЙ СОБОРА (МУЗЕЙ ОПЕРА ДЕЛЬ ДУОМО)

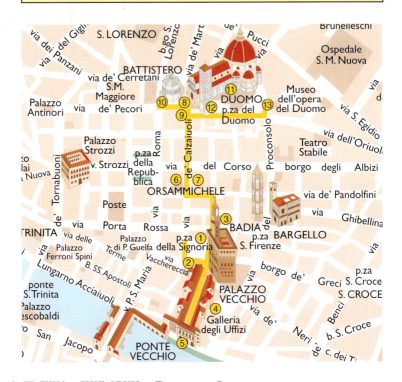

1 ПЬЯЦЦА СИНЬОРИИ. *Площадь Синьории*, устроенная как контрапункт и симметрично сакральному центру города, начиная со Средних веков и по сию пору, является средоточием гражданской жизни Флоренции. Она образовалась в конце XIII в., была расширена после разрушения *домов-крепостей* гибеллинов Уберти, Форабоски и др., и, несмотря на утрату некоторых старых строений (**Лоджии деи Пизани** и **церкви Св.Цецилии**) и древней терракотовой мостовой, представляет собой городской ансамбль несравненного благородства и красоты. На площади высится гигантское **Палаццо Синьории** (XIV в.) с горделивой башней Торре д'Арнольфо. На южной стороне стоят **Палаццо Уффици** и **Лоджия Синьории**; на северной — **дворец Угуччони** (XVI в.); на восточной — **дворец Коммерческого суда**, "трибунале ди меркатанция" (1359) и на западной — *особняк Страхового общества* (арх.Ланди, 1871), холодное подражание Ренессансу.
В XV—XVI вв. площадь служила местом общественных празднеств и турниров. Во времена чинквеченто здесь были установлены многочисленные статуи, превратившие её в музей

Первый маршрут

Пьяцца Синьории

Амманнати: "Бьянконе".

под окрытым небом. Среди них — *конная статуя **Великого герцога Козимо I**,* бронза **Джамболоньи** (1594) и монументальный фонтан *Нептун с морскими божествами* **Амманнати** (1575), за неэлегантную фигуру иронично прозванный Бьянконе, "беляк". В десяти шагах от фонтана, почти в центре площади — гранитная плита, указывающая место, где были сожжены Савонарола и его приверженцы Фра Доменико и Фра Сильвестро (23 мая 1498). На ступенях Палаццо Синьории — копия *Марцокко*, геральдического льва с флорентийской лилией (оригинал — в музее Барджелло); *Юдифь и Олоферн* (1460) — копия великолепной бронзы **Донателло** (оригинал внутри Палаццо); копия знаменитого *Давида* **Микеланджело** (оригинал в галерее Академии) и мраморная группа *Геркулес и Какус* **Баччо Бандинелли** (1536).

На северной стороне площади, в доме № 5, размещена интересная коллекция **Альберто делла Раджоне**, пожертвованная им городу в 1970 г. В неё входят работы *современных итальянских художников и скульпторов*: Каррà, Де Кирико, Де Пизиса, Гуттузо, Моранди, Фонтаны и Манцỳ.

2 ЛОДЖИЯ СИНЬОРИИ. Лоджия, называемая иначе *Лоджией Приоров* или *Лоджией Орканья*, по имени предполагаемого автора её проекта, а также *Лоджией деи Ланци* (здесь была гауптвахта ландскнехтов, телохранителей Козимо I), построена **Бенчи ди Чионе** и **Симоне Таленти** (1376-82). К тому времени в городе уже существовали общественные и частные лоджии, поэтому Синьория решила построить свою, весьма представительную, для демонстрации авторитета среди граждан. В самом деле, по завершении Лоджии, здесь поставляли приоров и гонфалоньеров, принимали послов, оглашали указы.

Выдающийся образец итало-готического стиля периода треченто представляет собой род портика под обширным крестовым сводом с могучими круглыми арками и изящным кружевным карнизом.

В медальонах формы *ушной раковины* помещены символы теологических добродетелей **Аньоло Гадди** (1387), над ними — ряд гербов Республики **Никколò д'Ареццо** (1390). Ясная гармония этого произведения была новым явлением в архитектуре.

У лестницы — *два льва*, левый — античный, правый — работы **Вакка** (1600). Под арками — скульптуры (помещены сюда после падения Республики, когда Лоджия потеряла свою исконную общественно-политическую суть: *Похищение сабинянок*, прославленная мраморная группа **Джамболоньи** (1583), названная автором *Три возраста*; шедевр **Бенвенуто Челлини** *Персей* (1554), которому маэстро посвятил волнующие страницы

Лоджия деи Ланци (пьяцца Синьории).

Джамболонья: Похищение сабинянок. *Челлини: Персей.*

в своей автобиографии; *Геркулес и кентавр*, мрамор **Джамболоньи** (1559); *Менелай (или Аякс) над телом умирающего Патрокла*, эллинистическая копия с греческого оригинала; *Похищение Пирром Поликсены*, мраморная группа **Пио Феди** (1866) и в глубине — шесть античных статуй древнеримских матрон.

ПАЛАЦЦО СИНЬОРИИ. В 1293 г., после политической победы корпораций, новые приоры решили построить главное гражданское учреждение в городе — **Дворец Приоров** с резиденцией Синьории, позднее его назвали **Палаццо Веккио** (Старый дворец). Полагают, что древнее ядро здания было возведено **Арнольфо ди Камбио** (1299—1304). Дворец, увенчанный выступающей крытой галереей с зубцами, напоминает крепость. Над ним высится оригинальная зубчатая **башня Арнольфо** (по имени архитектора). Рустованные массивные стены украшают три тонких карниза и окна-бифоре, придающие дворцу гармонию и пропорциональность. В XVI в. палаццо перестраивал **Вазари**, в XVII в. — **Буонталенти**.

При Козимо I с 1540 г. городская ратуша стала резиденцией Медичи. В 1848-60 гг. в Старом дворце заседали итальянские Временные правительства. С 1865 г. по 1871 г., когда Флоренция была столицей Королевства, в нём размещались Палата депутатов и Министерство иностранных дел. С 1872 г. и до сих пор здесь — муниципалитет (коммуна).

Внутренний Дворик. В 1470 г. **Микелоццо** придал двору ренессансный вид. Колонны с роскошным орнаментом из

Палаццо Веккио.

золочёной лепнины, живопись в гротескном стиле на сводах и виды австрийских городов под люнетами были исполнены **Вазари** по случаю бракосочетания Франческо I с принцессой Иоанной Австрийской. Посреди — небольшой грандиозный *фонтан* с порфировой чашей и копией прелестной фигурки *Амура с дельфином* **Андреа дель Верроккио** (оригинал — внутри, в музее). В левой стороне двора — старый **Оружейный зал**, единственная архитектурная структура, сохранившаяся от Арнольфо (вход открыт со стороны площади).
Внуштельная *Вазарианская лестница* между первым и вторым дворами ведёт в музейные залы.

Большой зал Пятисот. Громадный зал (53х22 м) построен в 1495 г. **Симоне дель Поллайоло**, по прозвищу **Кронака**, для собраний Большого Народного совета. В 1848 г. и 1859—60 гг. здесь заседал Тосканский парламент (провозгласивший в 1859 г. присоединение Тосканы к Итальянскому королевству), в 1865—71 гг. — Палата депутатов Итальянского королевства.
По желанию Козимо I **Вазари** перестроил зал собраний (1563—65) под приёмный зал. Маэстро и его ученики расписали стены и плафон сюжетами, прославляющими семейство Медичи. Вдоль стен выставлены скульптуры: слева от входа — *Флоренция, подчиняющая Пизу* **Джамболоньи**; напротив входа — *Гений Победы* **Микеланжело Буонарроти** (1534), предназначавшийся для гробницы Папы Юлия II, а также шесть мраморных групп *Подвиги Геркулеса* **Винченцо де' Росси**; на возвышении,

Джамболонья: Похищение сабинянок.   Челлини: Персей.

в своей автобиографии; *Геркулес и кентавр*, мрамор **Джамболоньи** (1559); *Менелай (или Аякс) над телом умирающего Патрокла*, эллинистическая копия с греческого оригинала; *Похищение Пирром Поликсены*, мраморная группа **Пио Феди** (1866) и в глубине — шесть античных статуй древнеримских матрон.

ПАЛАЦЦО СИНЬОРИИ. В 1293 г., после политической победы корпораций, новые приоры решили построить главное гражданское учреждение в городе — **Дворец Приоров** с резиденцией Синьории, позднее его назвали **Палаццо Веккио** (Старый дворец). Полагают, что древнее ядро здания было возведено **Арнольфо ди Камбио** (1299—1304). Дворец, увенчанный выступающей крытой галереей с зубцами, напоминает крепость. Над ним высится оригинальная зубчатая **башня Арнольфо** (по имени архитектора). Рустованные массивные стены украшают три тонких карниза и окна-бифоре, придающие дворцу гармонию и пропорциональность. В XVI в. палаццо перестраивал **Вазари**, в XVII в. — **Буонталенти**.

При Козимо I с 1540 г. городская ратуша стала резиденцией Медичи. В 1848-60 гг. в Старом дворце заседали итальянские Временные правительства. С 1865 г. по 1871 г., когда Флоренция была столицей Королевства, в нём размещались Палата депутатов и Министерство иностранных дел. С 1872 г. и до сих пор здесь — муниципалитет (коммуна).

Внутренний Дворик. В 1470 г. **Микелоццо** придал двору ренессансный вид. Колонны с роскошным орнаментом из

Первый маршрут

Палаццо Веккио.

золочёной лепнины, живопись в гротескном стиле на сводах и виды австрийских городов под люнетами были исполнены **Вазари** по случаю бракосочетания Франческо I с принцессой Иоанной Австрийской. Посреди — небольшой грандиозный *фонтан* с порфировой чашей и копией прелестной фигурки *Амура с дельфином* **Андреа дель Верроккио** (оригинал — внутри, в музее). В левой стороне двора — старый **Оружейный зал**, единственная архитектурная структура, сохранившаяся от Арнольфо (вход открыт со стороны площади).
Внушительная **Вазарианская лестница** между первым и вторым дворами ведёт в музейные залы.

Большой зал Пятисот. Громадный зал (53x22 м) построен в 1495 г. **Симоне дель Поллайоло**, по прозвищу **Кронака**, для собраний Большого Народного совета. В 1848 г. и 1859—60 гг. здесь заседал Тосканский парламент (провозгласивший в 1859 г. присоединение Тосканы к Итальянскому королевству), в 1865—71 гг. — Палата депутатов Итальянского королевства.
По желанию Козимо I **Вазари** перестроил зал собраний (1563—65) под приёмный зал. Маэстро и его ученики расписали стены и плафон сюжетами, прославляющими семейство Медичи. Вдоль стен выставлены скульптуры: слева от входа — *Флоренция, подчиняющая Пизу* **Джамболоньи**; напротив входа — *Гений Победы* **Микеланжело Буонарроти** (1534), предназначавшийся для гробницы Папы Юлия II, а также шесть мраморных групп *Подвиги Геркулеса* **Винченцо де' Росси**; на возвышении,

Двор Микелоццо (Палаццо Веккио).

называемом *Аудиенция*, в большой центральной нише — статуя **Папы Льва X**, работа **Бандинелли**.

Коридор слева ведёт в **Зал Двухсот**, названный по числу членов Республиканского совета (ныне — Зал заседаний горсовета), с чудесным потолком и великолепным *резным плафоном* работы **Бенедетто** и **Джулиано да Майано** (1447).

"Студиоло" Франческо I. В *Зале Пятисот*, справа от входа — кабинет, украшенный **Вазари** (1570—72) и другими известными флорентийскими маньеристами конца XVI в. Эксцентричный князь занимался здесь алхимией и постигал тайны природы. На своде — *Прометей* и *аллегории стихий* (элементов природы), написанных **Поппи**; в медальонах — *портреты Козимо I и Элеоноры Толедской* (родителей Франческо I), выполненных **Бронзино**. Росписи в верхней части стен посвящены взаимоотношениям человека и стихий, а в нижней, на дверцах шкафов — мифологическим, алхимическим и сверхъестественным сюжетам. В нишах установлены изящные бронзовые статуи античных божеств.

Вход в **Аппартаменты Льва X** — из *Большого Зала Пятисот*. Аппартаменты состоят из шести залов, расписанных **Вазари** с

Первый маршрут

Большой зал Пятисот.

Вазари: Взятие Пизы, деталь.

Вазари: Взятие Сиены, деталь.

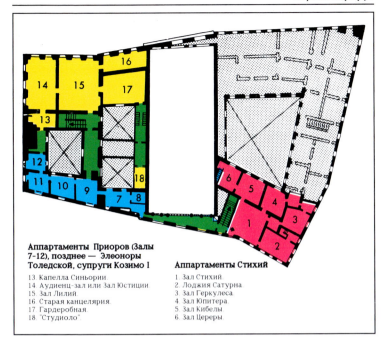

Аппартаменты Приоров (Залы 7-12), позднее — Элеоноры Толедской, супруги Козимо I

13. Капелла Синьории.
14. Аудиенц-зал или Зал Юстиции.
15. Зал Лилий.
16. Старая канцелярия.
17. Гардеробная.
18. "Студиоло".

Аппартаменты Стихий

1. Зал Стихий.
2. Лоджия Сатурна.
3. Зал Геркулеса.
4. Зал Юпитера.
5. Зал Кибелы.
6. Зал Цереры.

подмастерьями (1560) на темы, прославляющие Дом Медичи. В **Зале Льва X**, слева от камина — вход в **Капеллу** с копией Мадонны дель Импанната Рафаэля (оригинал — в галерее Питти). В **Зале Климента VII**, по стенам — фрески со сценами *осады Флоренции 1529—30 гг.*, представляющие особый интерес с исторической точки зрения. **Залы Джованни делле Банде Нере, Козимо I, Лоренцо Великолепного** и **Козимо Старшего** украшены историческими картинами, посвящёнными соответствующим персонажам.

Из Зала Льва X лестница, украшенная фреской *Праздник Иоанна Крестителя* **Страдано** с очень интересным ночным видом площади Синьории, ведёт на верхний этаж.

Аппартаменты Стихий. Пять залов сооружены **Баттиста дель Тассо** (1550) и украшены **Вазари** с учениками (1556-66). Первый зал назван **Залом стихий**, по фрескам Вазари и Дочено, с аллегориями земли, воды, воздуха и огня. Следующими идут: **Зал Геркулеса** с изображениями *подвигов Геркулеса*, работы Дочено; **Зал Юпитера** с изображением *детства Юпитера* на плафоне; **Зал Юноны** (бывшая лоджия) с *Амуром* **Верроккио**; **Зал Кибелы** с изображением триумфа этой богини и четырёх времён года на плафоне XVIII в.; **Зал Цереры** с работами Вазари и Дочено и гобеленами XVI в.

Из Зала стихий — вход в **Лоджию Сатурна**, где хранится бронзовый *Бесёнок* **Джамболоньи**.

Из открытой лоджии Сатурна открывается обширный вид на Ольтрарно (Заречье) и квартал Санта-Кроче.

Аппартаменты Элеоноры Толедской (прежде — помещения приоров) состоят из **Зелёной палаты** с гротесками **Ридольфо дель Гирландайо**; **Капеллы Элеоноры** с фресками *История Моисея* **Бронзино**; **Зала сабинянок** для придворных дам с

Вазари и Страдано: Осада Флоренции (Зал Климента VII).

Микеланджело: Гений Победы.

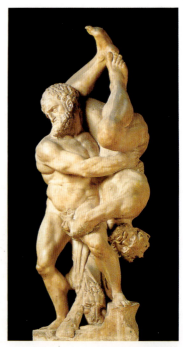

Винченцо де' Росси: Геркулес и Диомед.

Первый маршрут

"Студиоло" Франческо I де' Медичи.

Зал Льва X.

портретами членов семьи Медичи; **Зала Эсфири** (столовой) с мраморной умывальней и драгоценными флорентийскими гобеленами эпохи кватроченто; **Зала Пенелопы** с фресками в манере Боттичелли; **Зала Гуальдрады** с фресками *История Гуальдрады*, целомудренной девы, упомянутой Данте (Ад, песнь XVI), — олицетворение добродетелей супруги Козимо I, а также с интересными *видами площадей* Флоренции XVI в.

Капелла Синьории во имя Св. Бернарда расписана **Ридольфо дель Гирландайо** (1514), ему же принадлежит фреска *Благовещение*. Алтарный образ *Мадонна с Младенцем, Св. Елизаветой и юным Иоанном Крестителем* выполнен **Мариано да Пешиа**.

Аудиенц-зал сооружён **Бенедетто да Майано** (1475—81) вместе с прекрасным беломраморным порталом и фигурой *Юстиции* (1478; при участии его брата, Джулиано). Фрески *История Камилла* — кисти **Сальвиати** (1560); плафон с восьмигранными кассетами — работа **Джулиано да Майано**.

Зал Лилий построен также **Б. да Майано,** которому принадлежит и *мраморный портал* (1481) с чудной деревянной дверью, ведущей в Аудиенц-зал.

На двери помещены портреты Данте и Петрарки работы **Франчоне** и **Дж. да Майано** (последний сделал роскошный

Капелла Приоров.

Зал Стихий.

плафон из позолоченного дерева). Здесь же — *Юдифь и Олоферн*, недавно отреставрированный шедевр **Донателло** (ок. 1460).

Канцелярия служила кабинетом **Никколо Макиавелли**, когда он был секретарём Флорентийской республики (1498—1512). Сейчас здесь выставлен его бюст из раскрашенного гипса и портрет кисти **Санти ди Тито**. Следует обратить внимание на рельеф **Арнольфо ди Камбио** *Св. Георгий и дракон*, снятый с Георгиевских ворот у форта Бельведере, и на двухлопастные окна (бифоре), выходящие в сторону Соборной площади.

В **Гардеробной** Медичи хранили свои драгоценности. Особый интерес представляет *Карта мира* **Игнацио Данти** (1567) и *53 географических карты* того же Данти и **Стефано Буонсиньори**, отражающие представления о мире XVI в. (в дальнем правом углу — карта Московии).

Узкая лестница ведет на **мезонин**, где в 5 залах размещена **коллекция Лоэзер,** дар городу от искусствоведа Чарльза Лоэзера (1928). В нее входят тосканская скульптура и живопись XIV-XVI вв. В других залах - ценные работы, возвращенные в Италию после войны. Наконец, отсюда можно подняться на 94-метровую башню с круговым обзором. По предварительному заказу этот маршрут можно совершить со школьниками в рамках «Музея для детей».

4 **ПАЛАЦЦО УФФИЦИ.** Архитектурный шедевр **Вазари** в формах позднего Ренессанса был начат им в 1560 г., а закончен к 1580 г. **Альфонсо Париджи** и **Бернардо Буонталенти**, которые лояльно отнеслись к первоначальному проекту. Идея строительства принадлежала Козимо I, пожелавшему вместить в одном здании все административные учреждения, "уффици" (офисы), т.е. присутственные места. Вазари деликатно вмешался в ядро городской политической жизни и спроектировал для Уффици длинный *портик*, кончающийся лоджией на берегу Арно (ниши портика украшены в XIX в. статуями знаменитых тосканцев). *Коридор Вазари* идет от Палаццо Синьории над Понте Веккио до Палаццо Питти, соединяя, таким образом, правительственную резиденцию и великогерцогский дворец на другом берегу Арно. Амбициозный урбанистский проект приурочивался к свадебным торжествам регента-князя Франческо с Иоанной Австрийской: тосканскому городу стремились придать блеск европейской столицы.

Коридор был сооружён с необыкновенной быстротой — в период между весной и осенью 1565 г. "В пять месяцев", — пишет Вазари, — "построено то, что невероятно построить в пять лет".

Зал Лилий.

Донателло: Юдифь и Олоферн (Зал Лилий), деталь.

Он начинается с перехода между Палаццо Веккио и Уффици, где трансформируется в часть самой Галереи, затем поворачивает из Галереи вдоль набережной (Лунгарно Аркибузьери), в виде аркады, и пересекает реку над Понте Веккио. На другой стороне Арно, после Торре деи Маннелли, он проходит над виа де' Барди и устремляется к Палаццо Питти. На пьяцца Санта Феличита Коридор проложен над церковным портиком, затем, слегка спускаясь, выходит на уровень Сада Боболи и, наконец, с небольшим подъёмом ведёт к Палаццо Питти.

Несмотря на свою функциональную простоту, Коридор обладает архитектоническими качествами как в той своей наружной части, где он соединяется с Понте Веккио, так и в разнообразии интерьеров, оживлённых окнами, из которых видны река, узкие флорентийские улочки, внутренние сады и дворы.

В 1973 г. в Коридоре была размещена серия картин XVII—XVIII вв., а также знаменитая **Коллекция автопортретов** итальянских и иностранных художников, собранных по школам и странам (обычно это были дарения самих художников). Достойны упоминания автопортреты Вазари, А.дель Сарто, Рафаэля, братьев Карраччи, С.Розы, Кановы и Фаттори — из итальянцев; Рубенса, Рембрандта, Веласкеса, Коро, Делакруа, Энгра, Бёклина, Айвазовского, Энсора, Шагала и Л.Пастернака — из иностранцев.

ГАЛЕРЕЯ УФФИЦИ. Одно из величайших хранилищ искусства основано в 1575 г. **Франческо I деи Медичи**, воплотившим идею **Козимо I** — собрать фамильную коллекцию Медичи на верхнем этаже дворца. Коллекция была существенно расширена **Фердинандо I**, который, в частности, перевёз сюда скульптуры из римской виллы Медичи. Сокровища Галереи приумножились также благодаря вкладу **кардинала Леопольдо** и меценатству **Козимо II** и **Пьетро-Леопольдо Лотарингского**. Начиная с прошлого века, музей сосредоточил свою деятельность, в основном, на живописи, отведя скульптурам и гобеленам второстепенную, декоративную роль.

Первый маршрут

Вид на площадь Уффици.

Первый маршрут

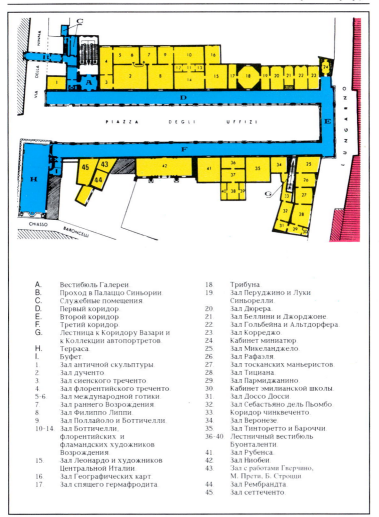

A.	Вестибюль Галереи.
B.	Проход в Палаццо Синьории.
C.	Служебные помещения.
D.	Первый коридор.
E.	Второй коридор.
F.	Третий коридор.
G.	Лестница к Коридору Вазари и к Коллекции автопортретов.
H.	Терраса.
I.	Буфет.
1.	Зал античной скульптуры.
2.	Зал дученто.
3.	Зал сиенского треченто.
4.	Зал флорентийского треченто.
5-6.	Зал международной готики.
7.	Зал раннего Возрождения.
8.	Зал Филиппо Липпи.
9.	Зал Поллайоло и Боттичелли.
10-14.	Зал Боттичелли, флорентийских и фламандских художников Возрождения.
15.	Зал Леонардо и художников Центральной Италии.
16.	Зал Географических карт.
17.	Зал спящего гермафродита.
18.	Трибуна.
19.	Зал Перуджино и Луки Синьорелли.
20.	Зал Дюрера.
21.	Зал Беллини и Джорджоне.
22.	Зал Гольбейна и Альтдорфера.
23.	Зал Корреджо.
24.	Кабинет миниатюр.
25.	Зал Микеланджело.
26.	Зал Рафаэля.
27.	Зал тосканских маньеристов.
28.	Зал Тициана.
29.	Зал Пармиджанино.
30.	Кабинет эмилианской школы.
31.	Зал Доссо Досси.
32.	Зал Себастьяно дель Пьомбо.
33.	Коридор чинквеченто.
34.	Зал Веронезе.
35.	Зал Тинторетто и Бароччи.
36-40.	Лестничный вестибюль Буонталенти.
41.	Зал Рубенса.
42.	Зал Ниобеи.
43.	Зал с работами Гверчино, М. Прети, Б. Строцци.
44.	Зал Рембрандта.
45.	Зал сеттеченто.

Следует отметить, что выставленные в коридорах Уффици шпалеры образуют уникальную коллекцию, полным образом отражающую двухвековую деятельность Шпалерной мастерской Медичи (1546—ок.1737), самой большой мастерской этого рода в Италии. Кроме того, в коллекции — прекрасные образцы фламандских шпалер, привезённых в Италию во втор. пол. XV в. для обучения флорентийцев.

В 1545 г. Великий герцог Козимо I основал свою мастерскую под руководством известных мастеров Яна ван Рооста и Николы Каркера, прежде работавших в Ферраре.

Коллекция Контини-Бонакосси - В помещениях, расположенных на углу виа Ламбертеска и Кьяссо Барончелли размещена коллекция Контини-Бонакосси (итальянское искусство), подаренная государству в 1969 г. (визиты по согласованию с инспекцией "Soprintenedenza").

Вход в Галерею (атриум). Вход украшает мраморная группа *Марс и Венера* — древнеримская копия с эллинистического оригинала. Далее идут залы, представляющие собой остатки романской церкви **Сан Пьеро Скераджо** (XI в.), разрушенной при строительстве дворца. В них выставлены панели и снятые фрески, среди которых — известная *серия портретов именитых людей* работы **Андреа дель Кастаньо** (середина кватроченто), *Битва при Сан-Мартино* **Коррадо Кальи** (1936) и ценная фреска **Боттичелли** *Благовещение*, перенесённая из церкви Сан Мартино алла Скала.

Вестибюль. Две расписанных колонны (на одной — образ Св. Франциска) напоминают о существовавшей здесь прежде церкви **Сан Пьеро Скераджо**. Здесь же — скульптурная группа *Археологи* **Джорджо Де Кирико** (дар автора) и большой портрет Анны Марии Людовики (последняя представительница Дома Медичи), подарившей Флоренции **Коллекции Медичи**.

Парадная лестница Вазари с античной скульптурой ведёт в **Кабинет Рисунков и Эстампов** (одно из самых больших собраний в мире), который содержит произведения 1700 итальянских и иностранных художников, начиная с эпохи треченто. Кабинет, находящийся сейчас на третьем этаже, там, где некогда был Театр Медичи, недавно был превосходно переоформлен по архитектурному проекту Детти (1960). Первый зал отдан временным выставкам высокого уровня, затем следуют залы, для специалистов, с **Фотоархивом** и **Библиотекой**, где рисунки и эстампы демонстрируются по заявкам. В состав Кабинета включён также иконографический архив.
Парадная лестница Вазари далее ведёт на верхний этаж.

Вестибюль Галереи (A) украшен античными статуями.

Первый Коридор (D) представляет собой длинную и светлую лоджию с большими окнами и потолком, расписанным флорентийскими художниками в *гротескном стиле* (втор.пол.XVI в.). По стенам развешана *коллекция портретов именитых людей*. На протяжении всей лоджии выставлены бюсты, древнеримские саркофаги и античные статуи, среди них наиболее примечательна группа *Геркулес, побеждающий кентавра* — римская копия с известного греческого оригинала.
Выставлена серия шпалер: прелестные *Празднества при дворе Екатерины де' Медичи и Генриха II Французского* сотканы в Брюсселе по картотам Франсуа Кеснеля; серия *Гротесков* на золотом фоне, сотканных для спинок мебели, и *Месяцы года* (1549—55), сделанные во Флоренции вышеупомянутыми фламандцами по картонам Франческо Убертини по прозвищу Баккиакка; несколько сцен, отличающихся живостью рисунка, драматизмом и реалистическим духом, из *Охоты в Поджо-а-Кайано*, сотканных Бенедетто Сквилли по картонам Страдано.

Зал 1: античная скульптура, в т.ч. эллинистический горельеф *Сидящий путник*, римская копия с эллинистического оригинала —торс Дорифора, и бюст Цицерона.

Зал 2: работы **Джотто** (ок.1267—1337) и ранних *тосканцев-"примитивистов"*, художников периода дученто из Лукки, Пизы, Сиены и Флоренции, среди наиболее важных —*Прославление Мадонны (Маэста)* **Чимабуэ** (1280 — 1285), один из шедевров маэстро, перенесённый из главного алтаря церкви Санта Тринита; *Мадонна на троне с Младенцем, Ангелами и Святыми* **Джотто**, написанная для церкви Оньисанти (1305—1310); *Мадонна на троне с Младенцем и Ангелами* **Дуччо ди**

Джотто. Маэста (из церкви Оньисанти).

Буонинсенья (сиенская школа), перенесённая из капеллы Ручеллаи церкви Санта Мария Новелла (ок.1285); *Распятие со Страстями Господними* из Пизы (XIII в.); *Распятие с евангельскими сюжетами* из Лукки (XIII в.); *Бадийский полиптих* **Джотто** из флорентийской Бадии.

Зал 3: *школа сиенского треченто, в т.ч. Благовещение* **Симоне Мартини** (1333), *выделяющееся изяществом красок и готической прихотливостью линий, Введение во Храм (1342) и Житие Николая Чудотворца* **Амброджо Лоренцетти***; Житие блаженной Умильты (1341) и Мадонна во славе* **Пьетро Лоренцетти.**

Зал 4: *флорентийское треченто и, в особенности, джоттисты, — Св.Цецилия с житием так называемого* **Мастера Святой Цецилии;**

Симоне Мартини: Благовещение, деталь.

Мадонна с Младенцем и Ангелами **Таддео Гадди** (1355); *Положение в гроб* **Джоттино**; *Мадонна во славе* **Бернардо Дадди** (1334); *Евангелист Матфей с житием* **Андреа Орканьи** и **Якопо ди Чионе**.

Залы 5-6: *искусство "пламенеющей" или международной готики, в т.ч.* — *Коронование Девы Марии и Поклонение волхвов* (ок.1420) **Лоренцо Монако**; *Фиваида* **Герардо Старнина**; *Мадонна с Младенцем и Святыми Петром, Павлом, Фомой Аквинским и Домиником* **Джованни ди Паоло**; *Распятие* **Аньоло Гадди**; *Мадонна с Младенцем* **Якопо Беллини**; *Поклонение волхвов* **Джентиле да Фабриано** (1423).

Зал 7: *тосканцы раннего кватроченто* — *Битва при Сан-Романо* **Паоло Учелло** (ок.1456, здесь — центральная часть знаменитого триптиха; две другие части — в Лувре и в Лондонской Национальной галерее); *портреты Федерико да Монтефельтро, герцога Урбинского и его супруги Баттисты Сфорца* (на обратных сторонах портретов — *аллегорические Триумфы* герцога и герцогини) **Пьеро делла Франческа** (1465—66); *Мадонна с Младенцем и Св. Анной* **Мазаччо** и **Мазолино** (1524—25); *Святое собеседование* **Доменико Венециано** (ок.1445); *Мадонна с Младенцем и Коронование Девы Марии* (1430-1435) — поздние работы **Фра Беато Анджелико**.

Зал 8: Филиппо Липпи *и его ученики* — *Коронование Девы Марии, Мадонна на троне с Младенцем и Святыми, Поклонение Младенцу со Св.Ромуальдом, Поклонение Младенцу со Св.Иларионом,* известнейшая *Мадонна с Младенцем и двумя Ангелами,* выполненная в расцвете сил маэстро (ок.1465), а также *Житие Св.Бенедикта* **Нероччо ди Бартоломео Ланди** и *Благовещение* **Алессио Бальдовинетти**.

Паоло Учелло: Битва при Сан-Романо, деталь.

Пьеро делла Франческа: Герцоги Урбинские (диптих), деталь.

Зал 9: Антонио и **Пьеро дель Поллайоло** — *Женский портрет* А.дель Поллайоло (ранее приписывался Пьеро делла Франческа, или Доменико Венециано, или Верроккио); *Портрет Галеаццо-Марии Сфорца* П.дель Поллайоло, по рисунку его брата; *Геркулес и Антей* и *Геркулес и гидра* — шедевры А.дель Поллайоло; *Шесть Добродетелей* П.дель Поллайоло, написанных для Коммерческого Суда (1470) а также ранние работы **Сандро Боттичелли**: *Юдифь, Мёртвый Олоферн; Сила* — последняя работа завершает серию Добродетелей дель Поллайоло. Кроме того, *Святые Викентий, Иаков* и *Евстахий* **Антонио** и **Пьеро**.

Залы 10-14, недавно преобразованные в одно экспозиционное помещение, посвящены шедеврам **Сандро Боттичелли** (1445—1510), а также флорентийским и фламандским работам позднего кватроченто. Среди работ Боттичелли, наиболее полно выразившего идеалы медицейской Флоренции и создавшего новый

Мазаччо и Мазолино: Мадонна с Младенцем и Св. Анной.

канон прекрасного, — *Аллегория весны* (1477—78), навеянная поэзией Лукреция и Полициано; *Рождение Венеры* (ок. 1486), также вдохновлённая стихами Полициано; *Мадонна с гранатом* в великолепной раме; *Магнификат, Благовещение, Поклонение волхвов, Минерва и кентавр, Мадонна со Св. Варнавой и Клевета,* характерная работа позднего периода (1494). В этом же зале интерес представляют *Алтарь Портинари* — шедевр **Гуго ван дер Гуса** (1476—78); *Автопортет, Поклонение волхвов* и *Мадонна дельи Отто* **Филиппино Липпи**; *Поклонение волхвов* **Доменико дель Гирландайо**; *Положение во гроб* **Рогира ван дер Вейдена**; *Портрет неизвестного* и *Портрет Бенедетто Портинари* **Ганса Мемлинга**.

Зал 15: выдающиеся умбрийские художники и тосканцы второй половины кватроченто, а также **Леонардо да Винчи** (1452—1519); *Распятие с Марией Магдалиной* **Луки Синьорелли**; *Пьета', Мадонна с Младенцем и двумя Святыми* **Перуджино**; картины *Поклонение пастухов* **Лоренцо ди Креди**; *Коронование* **Пьеро ди Козимо**; известное *Крещение Христа* **Верроккио** (ок. 1470), где в профиле Ангела и в пейзаже на заднем фоне можно узнать руку его молодого ученика Леонардо; чудесное *Благовещение* —

Филиппо Липпи: Мадонна с Младенцем и двумя Ангелами.

ранняя работа того же **Леонардо** (ок.1472) и знаменитое *Поклонение волхвов* (1481) — один из первых шедевров маэстро, хоть и незаконченный.

Зал 16, иначе называемый *Залом географических карт*. В нем стены, расписаны картами Тосканы картографом **Стефаном Буонсиньори** (1589); здесь же — несколько портретов **Мемлинга**.

Зал 17, носящий также название *Зал спящего гермафродита* по римской копии эллинистического оригинала: в нишах из ложного порфира — статуи и бронза XVI—XVIII вв.; кроме того, — мраморная группа *Амур и Психея* (копия эллинистического оригинала) и триптих **Андреа Мантенья**: *Поклонение волхвов, Обрезание* и *Вознесение*.

Зал 18, или *Трибуна*, спроектированный **Буонталенти** (втор. пол.XVI в.) и расписанный **Поччетти**, прекрасный образец подлинного маньеризма конца чинквеченто; статуи — прославленная *Венера Медичи* (копия подлинника Праксителя IV—III вв. до Р.Х.); *Маленький Аполлон* (другая копия с Праксителя); *Раб-точильщик* — единственная сохранившаяся копия с

Первый маршрут

Гуго ван дер Гус: Поклонение пастухов (триптих Портинари), деталь.

Гирландайо: Мадонна на троне с Младенцем и Святыми.

Первый маршрут

Боттичелли: Возвращение Юдифи, деталь.

пергамского оригинала; *Танцующий фавн* — копия эллинистического оригинала III в. до Р.Х.; живопись — серия портретов известных флорентийских маньеристов: **Понтормо** — *Козимо Старший*, **Бронзино** — *Лукреция Панчатики и Элеонора Толедская с сыном*, **Вазари** — *Лоренцо Великолепный*, а также *Юный Иоанн Креститель* **Рафаэля** (в галерее — с 1589 г.).
Находящаяся в Трибуне знаменитая скульптура *Венера Медичи* — одна из самых известных статуй классического искусства. Английские путешественники XVIII в. целовали ей руку; Людовик XIV заказал себе бронзовую копию статуи.
Бурхардт назвал её "одним из главных наслаждений, которые предлагает Италия", а Наполеон конфисковал Венеру и отправил в Лувр. Она вернулась в Уффици только после падения Императора, в 1815 г.

Зал 19: работы **Перуджино** и **Луки Синьорелли** *Портрет Дона Бьяджо Миланези*, *Портрет Бальдасара Валломброзано* и *Портрет Франческо делле Опере* **Перуджино**; *Св.Семейство и Мадонна с Младенцем* **Луки Синьорелли**; *Портрет Эванджелиста Скаппи* **Франческо Франча**.

Зал 20: *Портрет отца*, ранняя работа (1490) великого представителя немецкого Возрождения **Дюрера**, шедевры его же кисти: *Поклонение волхвов*, *Св.Филипп и Св.Иаков*; а также — *Св.Георгий и Портрет Лютера* **Лукаса Кранаха**.

Боттичелли.
Вверху, слева: Аллегория Весны.
Внизу, слева: Рождение Венеры.
Справа: Аллегория Весны, деталь.

Первый маршрут

Альбрехт Дюрер: Поклонение волхвов, деталь.

Леонардо да Винчи: Благовещение, деталь.

Зал 21: венецианцы кватроченто — Священная Аллегория и Оплакивание Христа **Беллини**; Юный Моисей перед фараоном, Суд Соломона и Портрет неизвестного (по прозвищу Гаттамелата) **Джорджоне**, а также работы **Карпаччо** и **Чима да Конельяно**.

Зал 22: фламандская и немецкая живопись чинквеченто — Портрет Ричарда Саутвелла и Автопортрет **Ганса Гольбейна**; Житие Св. Флориана **Альбрехта Альтдорфера** и Поклонение волхвов **Герарда Давида**.

Зал 23: работы выдающегося художника из Эмилии **Корреджо** — *Поклонение Младенцу*, *Отдых на пути в Египет* и *Мадонна во славе*; портреты кисти **Рафаэля** и картины **Иоса ван Клеве**, **Джампьетрино** и **Бернардо Луини**.

Зал 24, или *Кабинет миниатюр*: богатая коллекция итальянских и иностранных миниатюр XV—XVI вв.

Второй Коридор (Е) с росписями потолка второй половины XVII в.: круглый жертвенник с *Жертвоприношением Ифигении* — греческая работа I в. до Р.Х., *Спинарио* — римская копия греческого подлинника, *Сидящая девочка, готовящаяся танцевать* — римская копия эллинистического оригинала.

Третий Коридор (F) со сводами, расписанными различными художниками (втор.пол.XVII в.); продолжение собрания античных статуй. Выставлена красочная серия шпалер *Страсти Христа*, сотканная Гуаспарри Панини по картонам Алессандро Аллори и Чиголи, а также шпалеры брюссельских мастеров XVI в. двух других серий: *История Иакова* и *Батальные сцены*.

Зал 25: знаменитое *Тондо Дони* или *Св.Семейство* **Микеланджело Буонарроти** (1475—1564), выполненное (1505) по случаю свадьбы Аньоло Дони и Маддалены Строцци; работы **Фра Бартоломео**, **Альбертинелли**, **Беррругете** и **Россо Фиорентино**.

Зал 26: работы **Рафаэля Санти** (1483—1520) — *Портрет Франческо-Марии делла Ровере*, *Мадонна со щеглёнком* (1506), *Портрет Юлия II* и *Портрет Льва X* (1519); а также работы **Андреа дель Сарто** (1486—1517) *Мадонна с гарпиями* (1517) и *Четверо Святых*.

Зал 27: тосканские маньеристы — *Вечеря в Эммаусе*, *Св.-Семейство* и другие работы **Понтормо**, самого блестящего тосканского маньериста; *Мадонна с Младенцем и Святыми* **Россо Фиорентино**.

Зал 28: картины **Тициана** (1490—1576), великого венецианского художника периода чинквеченто, достигшего вершин цвето-тоновых решений — *Венера Урбинская*, *Венера и Амур*, *Флора*, здесь же картина его ученика **Пальмы Старшего** *Юдифь*.

ЗАЛ 29: **Пармиджанино** — известная *Мадонна с длинной шеей* (1534—40) и *Мужской портрет*.

Зал 30, или *Кабинет эмилианской школы*: небольшие по размеру картины мастеров из области Эмилия (центр — Болонья) периода чинквеченто.

Зал 31: картины **Доссо Досси**, родом из Феррары, но прошедшего венецианскую школу; *Форнарина* **Себастьяно дель Пьомбо** и *Портрет юноши* **Лоренцо Лотто**.

Зал 32: известная картина *Смерть Адониса* **Себастьяно дель Пьомбо** и живопись венецианцев периода чинквеченто; *Святое собеседование* **Лоренцо Лотто** и два мужских портрета **Париса Бордоне**.

Зал 33, или *Коридор чинквеченто*: тосканские и иностранные маньеристы второго поколения **Вазари**, **Бронзино**, **Аллори**, **Цукки**, **Моралес** и **Клуэ**.

Микеланджело: Святое Семейство (Тондо Дони).

Россо Фиорентино: Ангел-музыкант.

Первый маршрут

Рафаэль: Мадонна со щеглёнком.

Зал 34: *Св.Семейство со Св.Варварой, Благовещение* и другие работы **Веронезе** (1528—88), великого венецианского художника, сочетавшего монументализм и красочность гаммы.

Зал 35: *Портрет Сансовино, Леда и лебедь, Портрет адмирала* **Тинторетто** (1518—94), художника, возглавлявшего вместе с Веронезе вторую половину венецианского чинквеченто; в этом же зале — *Портрет Франческо-Марии II делла Ровере* и *Мадонна народа* **Бароччи**.

Залы 36-40: в *Лестничном вестибюле* **Буонталенти** — картины сеиченто, среди которых — *Мадонна со снегом* **Гвидо Рени**; *Торс сатира* пергамской школы (II в. до Р.Х.), *Мраморный вепрь*, римская копия с эллинистического оригинала, прославленный имитацией (Порчеллино, т.е. поросенок) **Пьетро Такка** для Нового Рынка.

Тициан: *Венера Урбинская*.

Караваджо: *Юный Вакх*.

Каналетто: Вид на палаццо Дожей в Венеции.

Зал 41: работы **Рубенса** (1557-1640). *Портрет Изабеллы Брандт, Триумфальный вход Генриха II в Париж, Триумфальный вход Фердинанда Австрийского в Антверпен* **Рубенса**, художника со страстным буйством красок и умелыми композициями; *Портрет Жана Монфора* **Антониса ван Дейка**, ученика Рубенса и великолепного портретиста; *Портрет Галилея* **Юстуса Сустерманса**, фламандца, работавшего при дворе Медичи; замечательный *Автопортрет* **Диего Веласкеса**.

Зал 42, или **Зал Ниобеи,** спроектирован Дж. М. Палеотти в классическом стиле для размещения многофигурной группы из 12 статуй *Ниобея с детьми* (римская копия эллинистического оригинала III—II вв. до Р.Х.), которая была найдена в 1583 г. в Риме, на территории виноградника близ Латеранского собора. Зал богато украшен вышитыми портьерами, занавесками и шпалерами. Тут же находится *Ваза Медичи* I в. до Р.Х.

Зал 43: в этом зале размещены произведения Маттиа Прети, генуэзского живописца Бернардо Строцци, а также картины Гверчино (*Праздничные развлечения*), блестящего представителя болонской живописи эпохи барокко (настоящее имя Франческо Барбьери).

Зал 44: *Портрет старика, Портрет юноши* и *Автопортрет* великого голландца **Рембрандта** (1606—69); жанровая живопись Северной Европы: *Завтрак* **Яна Стена**; *Пейзажи* **Якопа Рейсдаля**; *Пейзаж* **Яна Брейгеля Старшего**.

Зал 45 посвящён *итальянскому и европейскому сеттеченто*. Выставленные работы наиболее полно отражают разнообразие стилей и вкусов этой эпохи. Среди них — *Сусанна и старцы* **Джованни Баттисты Пьяцетты**; *Водружение статуи Императора* и *Капризы* **Франческо Гварди**; *Вид Большого канала* и *Вид Дворца Дожей* **Каналетто**; *Семья художника* **Джузеппе Марии Креспи**; *Исповедь* **Пьетро Лонги**; *Мария-Аделаида в костюме турчанки* **Жана Этьена Лиотара**; *Играющие дети* **Жана-Батиста Шардена**; *Портрет Марии-Терезы Бурбонской* и *Портрет графини Вил-*

лабрики Шеншонской **Франсиско Гойи**. На обратном пути, в коридоре стоит обратить внимание на скульптурную группу *Лаокоон*, выполненную **Баччо Бандинелли** (XVI в.) с эллинистического оригинала из Ватикана; здесь же — выход на террасу *Лоджии Синьории* (Н), откуда открывается вид на всю площадь. На нижнем этаже недавно открыты 5 новых залов с Караваджо (Вакх, Медуза Горгона, Жертвоприношение Исаака) и его учениками (Джентилески).

6 ЦЕРКОВЬ ОРСАНМИКЕЛЕ.
Уникальный образец гражданской и религиозной архитектуры тречento, сооруженный **Франческо Таленти, Нери ди Фиораванти** и **Бенчи ди Чионе** первоначально как рынок (1337).

Прежде, с 895 г., на этом месте существовал небольшой монастырь *Св.Михаила в саду* (Сан Микеле ин Орто, отсюда — современное название). После закрытия монастыря, **Арнольфо ди Камбио** в 1290 г. выстроил хлебный амбар, разрушенный пожаром 1304 г. и вновь восстановленный в смешанном романо-готическом стиле.

С 1380 г. здание было обращено в церковь: архитектор **Симоне Таленти** пробил красивые окна на боковых фасадах, разделил перекрытиями на этажи и замуровал нижние аркады изящными готическими конструкциями.

Старшие цеха взяли на себя украшение внешних ниш (**Табернаклей**): каждый украсил одну из них статуей своего патрона и гербом.

Среди превосходных образцов флорентийской скульптуры треченто и кватроченто — работы **Гиберти**: *Св.Матфей, Св.Стефан и Иоанн Креститель*; **Нанни ди Банко**: *Четверо Святых с венцами*; **Донателло**: *Св.Георгий* (оригинал — в Барджелло), *Св.Петр и Св.Марк*; **Верроккио**: *Уверение Фомы*; **Джамболоньи**: *Св.Лука*. Квадратный **внутренний зал** разделён на два нефа столбами, поддерживающими круглые арки и стрельчатые своды. Художники **Джованни дель Понте, Смеральдо** и **Амброджо ди Бальдезе** расписали столбы *образами патронов* Младших цехов. Главнейшая достопримечательность храма — роскошный **мраморный табернакль** (альтарная сень), шедевр **Андреа Орканьи** (1349—59), с рельефами, изображающими *Аллегории христианских добродетелей* и *Житие Девы Марии* (с задней стороны —*Успение*); надалтарный чтимый образ *Божией Матери Милующей с Ангелами* — работа **Бернардо Дадди** (1347). В левом нефе — статуя **Ф.Сангалло** *Св.Анна и Мария с Младенцем*.

На виа Кальцайоли, напротив Орсанмикеле, — церковь **Сан Карло деи Ломбарди**, построенная между 1349 и 1404 г. и посвященная Св.Карлу Борромео, покровителю Ломбардского братства. Внутри интересен алтарный образ *Положение во гроб* **Никколо ди Пьетро Джерини** и над входом — *Св.Карл во славе* **Маттео Росселли**.

7 ПАЛАЦЦО СУКОНЩИКОВ.
Живописный дворец **цеха суконщиков**, построенный в нач.XVI в., состоит из дома-башни, соединённого переходом с Орсанмикеле, и двух низких строений. Резиденция могучей гильдии, имевшей в XII в. более 30 тыс. членов (герб — *Агнец Божий*), после реставрации в начале нашего века, принадлежит Дантовскому обществу.

На углу дворца, выходящем на виа Орсанмикеле, — застеклённый готический табернакль *Санта Мария делла Тромба* с образом *Мадонны на троне* **Якопо дель Казентино** (прежде табернакль находился на Старом рынке).

Первый маршрут

ПЬЯЦЦА ДЕЛЬ ДУОМО. У *Пьяццы Сан Джованни* (Св.Иоанна) начинается сакральный центр Флоренции, состоящий из *Баптистерия*, *Кампанилы* (колокольни) и *Домского (кафедрального) собора*. Три разновременных сооружения составляют одно гармоничное целое, благодаря узорчатой мраморной облицовке. *Соборная площадь*, одна из самых известных площадей мира, — символ Флоренции, предмет ее многовековой гордости. На этой площади, напротив Кампанилы, находится *Лоджия Бигалло*.

ЛОДЖИЯ БИГАЛЛО. На этой же площади, в начале виа Кальцайоли, обращает на себя внимание позднеготическое здание, возведённое в середине XIV в. **Арнольдо Арнольди** первоначально для приюта братства *Мизерикордия* (милосердие). Недавно внутри лоджии открыт небольшой **Музей** с предметами искусства XIV— XVIII вв., выполненными по заказу капитанов братства Бигалло. Среди них особой исторической ценностью выделяется *Мадонна Милосердия* (сер.XIV в.) с самым древним изображением Флоренции, на котором видны сооружаемые Кампанила и собор, а также церковь Св.Репараты, впоследствии снесённая.

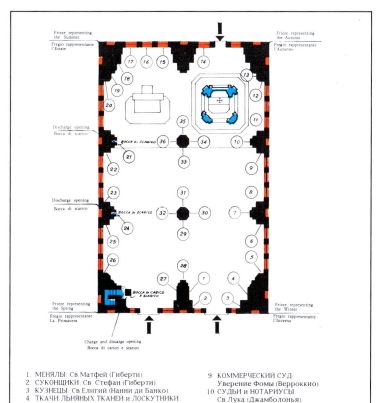

1. МЕНЯЛЫ: Св.Матфей (Гиберти).
2. СУКОНЩИКИ: Св. Стефан (Гиберти).
3. КУЗНЕЦЫ: Св.Елигий (Нанни ди Банко).
4. ТКАЧИ ЛЬНЯНЫХ ТКАНЕЙ и ЛОСКУТНИКИ: Св.Марк (Донателло).
5. СКОРНЯКИ и МЕХОВЩИКИ: Св.Иаков (Никколо ди Пьетро Ламберти).
6. ВРАЧИ и АПТЕКАРИ: Мадонна с розой (Пьетро ди Джованни Тедеско).
7. ШЕЛКОДЕЛЫ: Иоанн Богослов (Баччо да Монтелупо).
8. КУПЦЫ: Иоанн Креститель (Гиберти).
9. КОММЕРЧЕСКИЙ СУД: Уверение Фомы (Верроккио).
10. СУДЬИ и НОТАРИУСЫ: Св.Лука (Джамболонья).
11. МЯСНИКИ: Св.Петр (Донателло).
12. БАШМАЧНИКИ: Св.Филипп (Нанни ди Банко).
13. КАМЕНОТЁСЫ и ПЛОТНИКИ: Четверо святых с венцами (Нанни ди Банко).
14. ОРУЖЕЙНИКИ: Св.Георгий (Донателло).

Табернакль Орканьи (церковь Орсанмикеле).

10 **БАПТИСТЕРИЙ**. Крестильня, освящённая во имя Св.Иоанна Крестителя и названная Данте «прекрасный Сан Джованни» — блестящий образец романского стиля в Тоскане (XI в.). Предполагают, что прежде здесь находился раннехристианский храм во имя Христа Спасителя, а еще раньше — языческий храм Марса. Восьмигранное здание с пирамидальной крышей в XIII в. было целиком облицовано мрамором: зелёным — из Прато, белым — из Каррары.

Главную славу Баптистерия составляют его **три бронзовые двери**: южные, древнейшие, **Андреа Пизано** (1330—39), положившие начало готическому стилю во флорентийской скульптуре; северные, **Лоренцо Гиберти** (1403—24), который в конкурсе 1401 г. победил своим всё ещё готическим проектом проект Брунеллески, выполненый уже в духе Возрождения и, наконец, восточные, самые знаменитые, того же **Гиберти** (1425—52), уже усвоившего уроки Ренессанса и законы перспективы (на Баптистерии установлена копия восточных дверей, оригинал — в Музее собора).

Первая дверь, обычно открытая для входа, изображает сюжеты из *Жития Иоанна Крестителя* и *Аллегории христианских добродетелей*; вторая — *Новозаветные сюжеты, Евангелистов и Учителей Церкви* и третья, названная Микеланджело "Вратами Рая"— *Ветхозаветные сюжеты.*

Нарядный **интерьер** с элементами классического стиля перек-

ликается с наружным убранством храма. Прямоугольная *абсида*, т.н. "Скарзелла", пристроена в XIII в. Своды покрыты великолепными мозаиками в византийском стиле: в самой верхней части купола — *Благославляющий Христос среди Ангелов и Небожителей*, на трёх восточных полях — *Страшный Суд* с грандиозной фигурой Христа-Судии, на пяти других — *Сцены из Ветхого и Нового Заветов*.
Из других достопримечательностей — *мраморная купель* с барельефами пизанской школы (1371) и *Надгробие антипапы Иоанна XXIII* (Балтазар Косса) **Донателло** и **Микелоццо** (1427).

КАФЕДРАЛЬНЫЙ СОБОР, или **ДУОМО**. Прекрасный образец итало-готического стиля возведён на месте старого собора во имя Св.Репараты, остатки которого обнаружены во время недавних раскопок. Строительство собора началось в 1296 г. **Арнольфо ди Камбио** и медленно, с перерывами, продолжалось под руководством **Джотто** (1334—36), а затем — **Франческо Таленти** и **Лапо Гини**. Центральный неф закончен к 1378 г., боковые нефы — к 1380 г., наружные трибуны и барабан купола — к 1421 г. Грандиозный восьмигранный **купол Брунеллески** (проект 1418 г.) после длительных споров был построен к 1434 г. В 1436 г. Папа Евгений IV освятил собор во имя Св.Марии с цветком, *Санта Мария дель Фиоре* (по лилии в гербе Флоренции). Как и в большинстве великих соборов Средневековья романский стиль здесь сочетается с готическим, но купол уже выражает рациональные принципы Возрождения. Фасад собора, первоначально задуманный Арнольфо в романском стиле, а Таленти — в готическом, так и не был закончен, а настоящий фасад сооружён уже только в 1871—87 гг. **Эмилио де Фабрисом**.
Внутри собор имеет форму латинского креста и делится столбами на три корабля со стрельчатыми сводами. Холодный и

Баптистерий, Собор (Дуомо) и Кампанила Джотто.

несколько унылый вид оживлён великолепным полихромным полом **Баччо д'Аньоло**.

Входная стена: три *витража* по рисункам **Гиберти** (1413); *четыре головы пророков по углам часов* **Паоло Учелло** (1443); *гробница епископа Антонио Орсо* **Тино да Камаино** (1312); мозаика *Коронование Девы Марии* **Гаддо Гадди** (1333).

Правый неф: медальон с бюстом Брунеллески, изваянным его приёмным сыном **Буджано** в 1446 г. (могила архитектора была обнаружена в крипте старой *церкви Санта Репарата* в 1972 г.);

Лоренцо Гиберти: двери Баптистерия, прозванные Вратами Рая.

Купол Баптистерия, украшенный мозаикой (XIII в.).

медальон с бюстом Джотто **Бенедетто да Майано** (1490); бюст гуманиста Марсилио Фичино **АндреаФерруччи** (1521); витражи периода треченто.

Подкупольное пространство (трибуна) и абсида: над огромным восьмигранным барабаном — **купол**, технический и художественный шедевр **Брунеллески**, расписанный сценами *Страшного Суда* **Вазари** и его учениками (1572—79); витражи, написанные по рисункам художников раннего Возрождения: **Гиберти** —*Сретение, Моление о Чаше, Вознесение,* **Учелло** —*Воскресение, Рождество,* **Донателло** —*Коронование Девы Марии,* **Андреа дель Кастаньо** —*Положение во гроб.* В люнетах порталов Старой и Новой ризниц — майолики **Луки делла Роббиа** *Вознесение* и *Воскресение.* Он же выполнил бронзовую дверь Новой ризницы в сотрудничестве с **Микелоццо** и **Мазо ди Бартоломео** (1469).
Мраморная ограда хора и *Главный алтарь* — работа **Баччо Бандинелли** и **Джованни Бандини** (1555), а деревянное надалтарное *Распятие* — **Бенедетто да Майано** (1497).

Левый неф: витражи треченто; панель **Доменико ди Микелино** *Данте с Божественной комедией* (1465) с видом Флоренции сер.XV в. — справа, с изображением Чистилища — в центре, Ада — слева, Рая — сверху; фреска кьяроскуро, конный портрет Джона Хауквуда, прозванного Джованни Акуто (английского кондотьера на службе Республики) — выдающаяся работа **Паоло Учелло** (1436); фреска кьяроскуро **Андреа дель Кастаньо** (1456) — конный портрет генерала *Никколо да Толентино* (Никколо Марудзи); бюсты Арнольфо ди Камбио работы **Улиссе Камби** (1843) и архитектора де Фабриса, творца настоящего фасада, работы **Винченцо Конзани** (1887).

Крипта Санта Репарата. Между первым и вторым столбами правого нефа расположен спуск в крипту, обнаруженную во время раскопок 1966—70 гг. В ней — остатки древней **церкви**

Первый маршрут

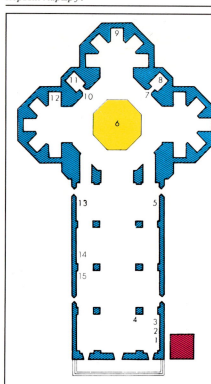

**ПЛАН СОБОРА
(Санта Мария дель Фиоре)**

1. Бюст Брунеллески.
2. Статуя пророка Исайи (Нанни ди Банко, 1408).
3. Бюст Джотто.
4. Кропильница (оригинал 1380 г. в Музее собора).
5. Бюст Марсилио Фичино.
6. Хор.
7. Майолика Луки делла Роббиа.
8. Старая Ризница.
9. Реликварий Св. Зиновия (Лоренцо Гиберти).
10. Бронзовые двери и люнетты Луки делла Роббиа.
11. Новая Ризница.
12. Подъём на купол.
13. Доменико ди Микелино. Данте с "Божественной Комедией" на фоне Флоренции.
14. Паоло Учелло. Конный портрет Джованни Акуто.
15. Андреа дель Кастаньо. Конный портрет Никколо́ Толентино.

Вид на религиозный центр с высоты птичьего полёта.

Интерьер собора.

Св.Репараты, разрушенной в 1375 г. при строительстве собора. Церковь была трёхнефной базиликой с абсидой. Сохранились фрагменты мозаичного пола, фрески треченто, надписи, надгробия и гербы нобилей.

Подъём на купол. В конце нефа — вход и выход узкой лестницы в 463 ступени, ведущей к куполу. Сначала посетители попадают на внутреннюю галерею, затем — на внешнюю (высота — 91 м) и к световому фонарю (107 м), откуда открывается обширная панорама на город и его окрестности. При подъёме особенно чётко видна оригинальная двойная структура купола.

КАМПАНИЛА ДЖОТТО. Дивная колокольня в стиле итальянской готики, квадратная в плане, имеет высоту 84,7 м. Строительство начал **Джотто** в 1334 г., который успел возвести только первый ярус. После его смерти в 1337 г. **Андреа Пизано** построил следующий ярус, отступив несколько от первоначального проекта. **Франческо Таленти** в 1348-59 гг. достроил Кампанилу, соорудив прекрасные двух- и трёхлопастные окна и горизонтальный верхний карниз, вместо задуманного Джотто пинакля, пирамидального завершения (в целом Таленти старался следовать плану Джотто). Лёгкость и изящество строения подчёркнуты полихромной мраморной облицовкой. Основание колокольни украшено статуями и барельефами выдающихся мастеров эпохи Возрождения: **Андреа Пизано**, **Луки делла Роббиа**, **Арнольдо Арнольди** и **Донателло** (*сюжеты из Книги Бытия, аллегории добродетелей, церковных таинств, искусств, планет, начал ремесел и наук*). В настоящее время оригиналы перемещены в Музей собора и заменены копиями так же, как и статуи *Пророков, Сивилл* и *Иоанна Крестителя* в нишах

Первый маршрут

Паоло Учелло: Джованни Акуто.

А. дель Кастаньо: Никколо да Толентино.

Купол Брунеллески. Вазари: Страшный Суд, деталь.

третьего яруса. На обзорную площадку колокольни открыт подъём (высота - 82 м, 414 ступеней).

13 МУЗЕЙ СОБОРА, или **МУЗЕЙ ОПЕРА ДЕЛЬ ДУОМО** (пьяцца дель Дуомо, 9). Музей, основанный в 1891 г., располагает собранием скульптур, моделей, ювелирных изделий, ранее находившихся в Баптистерии, Соборе и на Кампаниле.
Посредине лестницы, ведущей на верхний этаж, помещена знаменитая **Пьета́ Микеланджело** (1550—53), произведение

Доменико ди Микелино: Данте и его поэма, деталь.

высокого драматизма, несмотря на его незаконченность (маэстро предполагал установить эту скульптуру над своей могилой в римской церкви Санта Мария Маджоре).
Из Баптистерия в музей перенесены фрагменты древней *купели*; старинный *серебряный алтарь* — шедевр флорентийского ювелирного искусства XIV—XV вв. (состоит из 27 панелей, 12 из которых посвящены Иоанну Крестителю)— по рисункам **Антонио Поллайоло**. Бережное выполнение этих рисунков в вышивках позволяет видеть в них как бы подлинные работы самого

Собор Санта Репарата: надгробные плиты.

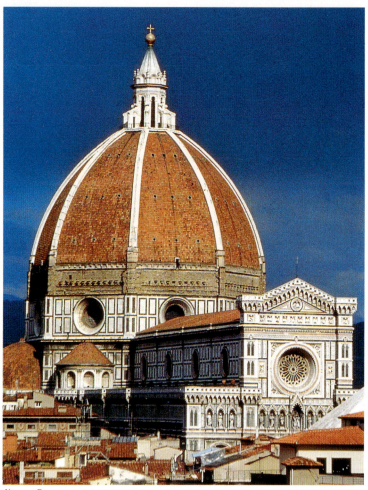

Купол Брунеллески.

Поллайоло. "Внимание Поллайоло обостряется по мере приближения к последним событиям в жизни Иоанна. В сцене ареста уже чувствуется затаённая жестокая мысль. Лица воинов, ведущих Святого к месту казни, напоминают лица десяти нагих бойцов. В месте казни палач взмахивает мечом в совершенном упоении предвкушаемого удара; весь ужас убийства исчезает перед великолепием жизненной силы. Двое придворных замерли в неподвижном созерцании казни, точно переживая своим телом страшное наслаждение палача. Далее Саломея приветствует дикой улыбкой отрубленную голову. Затем солдаты переносят тело Святого, так странно удлинённое смертью. И, наконец, — погребение. Всё знание смерти, выраженное на том языке, на каком Поллайоло умел так удивительно выражать жизнь, сказано здесь движением уроненной книзу иссохшей руки почившего. Художник не остановился перед тайной посмертного движения" (П. Муратов). Сюда же перенесены. деревянная статуя *Кающейся Магдалины* — зрелая работа **Донателло**; знаменитые *Врата Рая* **Л.Гиберти.** Итальянцы любили придавать барельефам, вопреки прежним традициям, характер картин, что придавало им особую прелесть и красоту и поражало изяществом и благородством исполнения. На бронзовых дверях Лоренцо Гиберти расположение групп фигур действительно напоминает картины, а задний план изображён согласно перспективе.

Из собора сюда перемещены *статуи*, прежде украшавшие фасад, **Арнольфо ди Камбио**, **Донателло**, **Нанни ди Банко**; два знаменитых *хора*, бывших ранее над входами в ризницы, шедевры скульптуры Ренессанса, один из них, работы **Луки делла Роббиа** (1431—38) посвящён последнему псалму Давида, другой, работы **Донателло** (1433—38), изображает живую сцену

Кампанила Джотто.

поющих путти "Даже скульпторам лучшей поры Греции не удавалось подчинить такому гениально стройному ритму исступление танца. Целое море жизненной силы должно было кипеть в художнике, создавшем эти фигуры. Поистине железными кажутся нам его руки, удержавшие в строгих и связанных между собой формах выплеснутые в мир хаотические волны движения... Произведения Донателло — это олицетворение труда художника кватроченто, они сохраняют весь пыл его замыслов, всю самоотверженную честность его порывов" (П. Муратов). Тому же Донателло принадлежат статуи *Моисея*, *Иеремии* и *Аввакума*.

С Кампанилы для музея снята полная серия декоративного убранства. Наиболее интересны панели **Андреа Пизано**, выполненные, возможно, по рисункам Джотто.

В экспозиции также представлены ценные картины, реликварии, одеяния священнослужителей, известный *чертёж XVI в.* с изображением первоначального фасада собора, *деревянная модель светового фонаря купола*, а также выставленные в двух залах первого этажа инструменты, использованные Брунеллески при сооружении купола.

Брунеллески, друг астронома Тосканелли, после глубоких занятий математикой и исследований античных сооружений, в основном, — римского Пантеона, возвёл первый в мире купол

Микеланджело: Пьета.

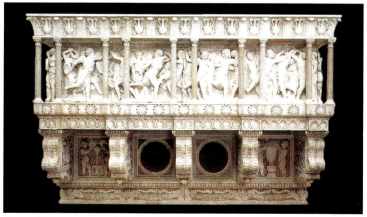

Хоры Донателло (музей Опера дель Дуомо).

Донателло: Магдалина и пророки Аввакум и Иеремия.

без обычной арматуры. Двойной восьмигранный купол поддержан огромными рёбрами. Пилястры, окружающие барабан, держат устремляющуюся вверх массу купола.

Второй маршрут

2 ВТОРОЙ МАРШРУТ

1. БАЗИЛИКА САН ЛОРЕНЦО
2. КАПЕЛЛЫ МЕДИЧИ
3. ПАЛАЦЦО МЕДИЧИ-РИККАРДИ
4. ТРАПЕЗНАЯ САНТ'АПОЛЛОНИЯ
5. МОНАСТЫРЬ "СКАЛЬЦО"
6. БОТАНИЧЕСКИЙ МУЗЕЙ
7. ГЕОЛОГИЧЕСКИЙ И ПАЛЕОНТОЛОГИЧЕСКИЙ МУЗЕЙ
8. ПЬЯЦЦА САН МАРКО
9. ЦЕРКОВЬ САН МАРКО
10. МОНАСТЫРЬ САН МАРКО
11. ГАЛЕРЕЯ АКАДЕМИИ
12. МУЗЕЙ И ФАБРИКА ПОДЕЛОЧНЫХ КАМНЕЙ
13. КОНСЕРВАТОРИЯ ЛУИДЖИ КЕРУБИНИ

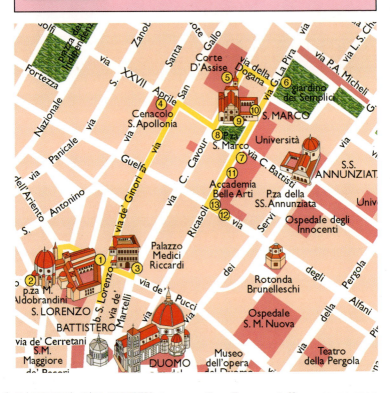

1 БАЗИЛИКА САН ЛОРЕНЦО (пьяцца Сан Лоренцо). Церковь во имя Св.архидиакона Лаврентия принадлежит к шедеврам церковной архитектуры раннего Возрождения. Она была начата **Брунеллески** по заказу Козимо Старшего (1419) на месте более ранней церкви (393), освящённой Св. Амвросием Медиоланским, и окончательно завершена к 1460 г. **Антонио Манетти**, использовавшего первоначальный план Брунеллески. Трёхнефный *интерьер* в форме латинского креста впечатляет своей монументальной колоннадой и роскошным кессонированным плафоном. В глубине главного нефа — две бронзовые *кафедры* на колоннах, последние работы **Донателло** (1460). Орнамент главного портала с его внутренней стороны выполнен **Микеланджело**. В правом нефе, во второй капелле — *Обручение Девы Марии* **Россо Фиорентино**. В самом конце правого нефа, на стене — мраморный *табернакль*, шедевр **Дезидерио да Сеттиньяно**. В главном алтаре — высокое *Распятие* работы **Баччо да Монтелупо**. На полу, напротив алтаря — три бронзовых круглых решётки, указывающие место склепа, где погребён Козимо

Второй маршрут

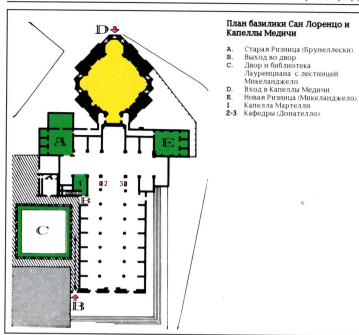

План базилики Сан Лоренцо и Капеллы Медичи

- **A.** Старая Ризница (Брунеллески).
- **B.** Выход во двор.
- **C.** Двор и библиотека Лауренциана с лестницей Микеланджело.
- **D.** Вход в Капеллы Медичи.
- **E.** Новая Ризница (Микеланджело).
- **1.** Капелла Мартелли.
- **2-3.** Кафедры (Донателло).

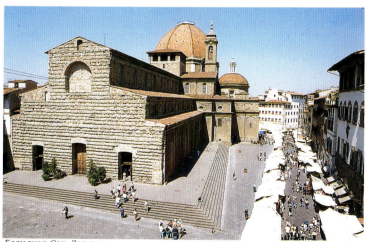

Базилика Сан Лоренцо.

Старший. В глубине левого трансепта — **Старая ризница** (1420—29), возведённая **Брунеллески**. Это квадратное сооружение под полусферическим куполом выражает идеалы пространственных решений эпохи Возрождения. Внутри — изящные произведения **Донателло**: четыре медальона из майолики с *Житием Св.Иоанна Евангелиста*, четыре майолики с *изображениями Евангелистов* и *бронзовые двери* по сторонам алтаря. В сквозной нише, слева от входа — *саркофаг* из мрамора, порфира и бронзы над могилами Джованни и Пьеро Медичи **Верроккио**. В том же левом трансепте, в капелле Мартелли — *Благовещение* **Филиппо Липпи** и надгробный памятник **До-**

Второй маршрут

Интерьер базилики Сан Лоренцо.

нателло. Из левого нефа, выйдя на прелестный *монастырский двор* (план Брунеллески), можно пройти в **Лаврентьевскую Библиотеку** (*Лауренциана*), основанную Козимо Старшим и расширенную Лоренцо Великолепным, чьё имя она и носит. Библиотека — плод архитектурного гения **Микеланджело** (1524), который сделал проект **вестибюля**, знаменитой *лестницы* и украшений. В ней хранится богатая коллекция древних рукописей с миниатюрами, а также протоколы Флорентийского Собора (1439) с подписями представителей русской Церкви.

2 КАПЕЛЛЫ МЕДИЧИ (пьяцца Мадонна Альдобрандини, 6). Через обширную низкую *крипту* **Буонталенти** с гробницами многих Медичи, по короткой лестнице, можно пройти в монументальную **Капеллу государей**, начатую **Ниджетти** в стиле барокко в 1604 г. по плану Джованни Медичи. Стены восьмигранного помещения, увенчанного куполом с библейскими сценами **Пьетро Бенвенути** (1828), облицованы сверху донизу камнями ценных пород. В нишах помещены *шесть надгробий* Великих герцогов Тосканских, на двух из них — бронзовые

Интерьер Капеллы государей.

Микеланджело: Надгробие Лоренцо де Медичи, деталь.

Микеланджело: Тройная лестница вестибюля.

статуи работы **Фернандо** и **Пьетро Такка**. На цоколе капеллы — 16 мозаичных гербов городов Великого герцогства Тосканского. Коридор из Капеллы государей ведёт в ***Новую ризницу***, одно из совершеннейших произведений **Микеланджело**. Это — истинная усыпальница, сооружение строгого вида, покрытое кессонированным куполом. Своё название она получила для отличия от ризницы Брунеллески. Усыпальница была возведена

Второй маршрут

по заказу Льва X и Климента VII для погребения Лоренцо Великолепного, Джулиано Медичи (убитого во время заговора Пацци) и других членов их семейства. Микеланджело начал строительство в 1520 г. и работал с перерывами до 1537 г., затем его продолжал Вазари, но не закончил (*Скорчившийся мальчик* **Микеланджело**, что хранится в **Петербургском Эрмитаже**, предназначался для второго яруса ризницы). У входа, слева — **гробница Лоренцо**, герцога Урбинского, с аллегорическими фигурами *Утра (Авроры)* и *Вечера*. Напротив неё — **гробница Джулиано**, герцога Немурского, с фигурами *Дня* и *Ночи*. Статуи герцогов — олицетворения созерцания и действия, поставлены над аллегориями времени и бренности мира. В нише, напротив алтаря — незаконченная *гробница Лоренцо Великолепного* и его брата *Джулиано*, на которой помещена *Мадонна с Младенцем* **Микеланджело**. По её сторонам — статуи *Святых лекарей Космы и Дамиана*, покровителей Медичи, работы его учеников Джованни да Монторсоли и Рафаэля да Монтелупо. Именно здесь удалось Микеланджело реализовать совершенную гармонию скульптуры и архитектуры. Его общий замысел, возможно, был посвящён раздумьям о посмертной участи и вере во всеобщее воскресение (это воплощено в образе *Мадонны с Младенцем*): время, олицетворенное четырьмя аллегорическими фигурами, разрушает и созерцательную и деятельную земную жизнь, однако, взгляды обеих статуй — и Лоренцо и Джулиано — обращены к Мадонне.

Настенные росписи Микеланджело и его школы. Через дверь напротив входа можно пройти (по заказу) в маленький зал, расположенный под абсидой капеллы. В нём недавно обнаружено и отреставрировано 56 изображений человеческих фигур, почти все — работы **Микеланджело**. Это — своего рода настенные "заметки" маэстро.

Иные рисунки и предварительные архитектурные наброски, наполовину принадлежавшие Микеланджело, наполовину — его ученикам, можно увидеть в самой абсиде Новой ризницы.

3 ПАЛАЦЦО МЕДИЧИ-РИККАРДИ (виа Кавур, 1). Великолепный образец флорентийского Возрождения выстроен **Микелоццо**

Микелоццо: Палаццо Медичи-Риккарди.

Беноццо Гоццоли: Лоренцо Великолепный (Шествие волхвов), деталь.

(1444—64) для Козимо Старшего. Дворец служил резиденцией Медичи, начиная с Лоренцо Великолепного и до Козимо I. Впоследствии он был куплен (1655) и расширен Риккарди. Архитектор ввёл известную градацию при возведении этажей, постепенно утончая дикий камень (рустик). *Фасад*, главным украшением которого служат окна-бифоре, увенчан прекрасным карнизом. Великолепный двор с портиками и лоджиями, квадратный в плане, характерен для флорентийского кватроченто. **Дворцовая Капелла Микелоццо** украшена в 1459—60 гг. знаменитыми фресками **Беноццо Гоццоли**, изображающими **Путешествие царей-магов в Вифлеем** (*Шествие волхвов*), олицетворение Флорентийского Собора (1439), когда была предпринята попытка присоединить Православие к Католицизму. Над алтарём — старинная копия *Рождества* **Филиппо Липпи** (оригинал находится в Берлине). В настоящее время дворец частью передан под библиотеку (собственно их здесь — две: Риккардиана и Морениана), частью — под **Медицейский музей**, где хранятся шпалеры, портреты и картины (среди них — работы Липпи, Бронзино и Доменико Гирландайо), частью — под присутственные места. *Галерея* с плафоном **Луки Джордано** (Риккарди удалось заполучить художника, несмотря на противодействие Медичи) теперь используется, как актовый зал.

ТРАПЕЗНАЯ САНТ'АПОЛЛОНИЯ (виа XXVII Априле, 1). Старинный монастырь камальдолийцев, основанный в XI в., был перестроен в XIV—XV вв. (при недавней реставрации обнаружен *ренессансный двор*). В монастырской **Трапезной Андреа дель Кастаньо** (1450) написал фреску **Тайная вечеря**, отличающуюся глубоким реализмом и драматизмом. Она считается одной из важнейших работ флорентийского Возрождения. Кроме того, достойны внимания: *Распятие*, *Положение во гроб* и *Воскресение* (на фресках видны подготовительные наброски).

5 МОНАСТЫРЬ "СКАЛЬЦО" (виа Кавур, 69). Монастырь, посвященный Св.Иоанну Крестителю, некогда принадлежал братству "скальцо" (босоногие). Монастырский дворик XVI в. расписан кьяроскуро (светотень) **Андреа дель Сарто** (1526) на темы *Жития Св.Иоанна Крестителя*. Здание церкви не сохранилось. В начале века фрески были отреставрированы русской баронессой Лаудон.

6 БОТАНИЧЕСКИЙ МУЗЕЙ (виа Ла Пира, 8—10). Одна из самых богатых ботанических коллекций в Италии включает в себя и Ботанический сад (вход с Виа Микеле, 3), в старину называемый *Сад Семпличи* (по общему названию трав, используемых в медицине). Сад был основан Козимо I в 1557 г. и обладает собранием экзотических растений.

7 ГЕОЛОГИЧЕСКИЙ И ПАЛЕОНТОЛОГИЧЕСКИЙ МУЗЕЙ (виа Ла Пира, 4). Основан Великим герцогом Козимо I и был постоянно пополняем Медичи и Лотарингской династией. Среди обильного материала — образцы из разных районов Италии. Особый интерес представляют результаты раскопок в верхнем Вальдарно (долина Арно).

8 ПЬЯЦЦА САН МАРКО. Квадратная в плане площадь с запада ограничена особняком Ливии (**Палаццина делла Ливия**; XVIII в.), с востока — красивой **лоджией** (XIV в.) бывшей больницы Св.Матфея (ныне — Академия изящных искусств и Исследовательский университет), с севера — **церковью** и **монастырём Св.Марка**. В центре площади — бронзовый памятник генералу Манфредо Фанти, участнику Крымской войны, работы **Пио Феди** (1873).

9 ЦЕРКОВЬ САН МАРКО. Церковь во имя Св.Марка построена **Микелоццо** в 1452 г. на месте предшествующего монастырского

Фасад церкви Сан Марко.

храма ордена Сильвестрини (в дальнейшем она неоднократно переделывалась). Однонефный *интерьер* с резным потолком украшен замечательными работами Фра Бартоломео, Герардини и джоттистов. Особый интерес представляют капелла Серальи, капелла Св.епископа Антонина, постройки **Джамболоньи** и *ризница* **Микелоццо**. Фасад сооружен в 1780 г. по проекту Джоаккино Пронти.

МОНАСТЫРЬ САН МАРКО. Древний монастырь сильвестринцев, перестроенный в 1452—62 гг. **Микелоццо** по повелению Козимо Старшего, был одним из духовных центров Флоренции времён Ренессанса. В монастыре жили и трудились Фра Беато Анджелико, Св.епископ Антонин, Савонарола и Фра Бартоломео. В конце XV в. здесь изучал богословие грек Михаил Триволис, впоследствии — русский духовный писатель **Св.Максим Грек**. Монастырские строения были приобретены государством в 1860 г., а с 1920 г. здесь — *Музей*. Из двора в стиле Ренессанса, спроектированного Св.Антонином, можно пройти в старый **Странноприимный дом**, где собрана музейная коллекция панелей, написанных **Фра Анджелико** для тосканских храмов. Среди них — *Страшный Суд, Табернакль торговцев полотном, Положение во гроб* из церкви *Санта Тринита,* алтарный образ из церкви *Сан Марко* и *Оплакивание,* принадлежавшее Храмовому Братству. В *Малой умывальне* и *Старой трапезной* сильвестринцев хранятся работы **Фра Бартоломео.** В зале *орденского Капитула* экспонируется *Распятие* работы **Фра Анджелико**. У основания лестницы, ведущей на второй этаж, находится *Малая трапезная*, где около 1433 г. **Доменико дель Гирландайо** написал

Гирландайо: Тайная вечеря, деталь.

Беато Анджелико: Избранные (Страшный Суд), деталь.

Беато Анджелико: Благовещение.

свою *Тайную вечерю*. На верху лестницы (в коридоре второго этажа) — прекрасные фрески **Фра Анджелико** *Благовещение* и *Распятие*. **Кельи** также расписаны **Фра Анжелико** и его учениками в точном соответствии с молитвенной практикой монахов. В конце коридора — *аппартаменты приоров*, где жил Савонарола. У входа, справа, — помещение **библиотеки**, в котором **Микелоццо** выразил чистый и строгий вкус Ренессанса.

11 ГАЛЕРЕЯ АКАДЕМИИ (виа Рикàзоли, 60). Галерея была сооружена в 1784 г., когда Великий герцог Пьетро-Леопольдо решил объединить в единую Академию работы различных художественных флорентийских школ с коллекцией живописи старых мастеров. Она в действительности хранит богатое собрание флорентийской живописи с её первых времён вплоть до XVI в., но истинная слава Галереи — это *скульптуры Микеланджело*, которые она начала приобретать с 1873 г. Скульптуры выставлены вдоль стен большого зала, который заканчивается

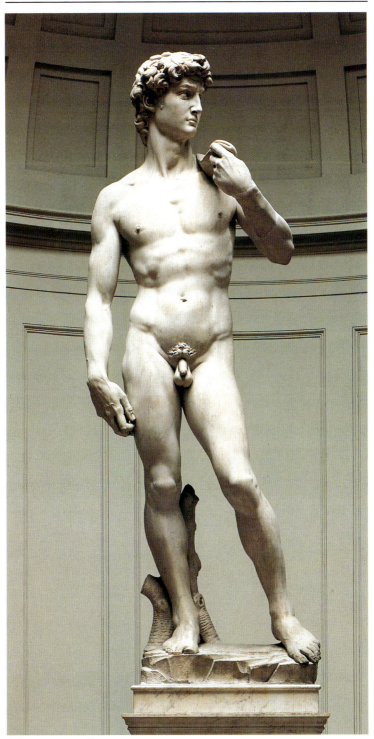

Микеланджело: Давид.

Второй маршрут

Галерея Академии: ларь семьи Адимари, деталь.

особым помещением, т.н. **Трибуной Давида**, где царствует всемирно известная скульптура, изваянная **Микеланджело** между 1501 и 1504 г. по заказу Строительного комитета собора и поставленная флорентийцами на Пьяцца Синьории как символ свободы Республики. Колоссальная статуя (высота — 4,23 метра) высечена маэстро из мраморного куска, взятого им на складе Строительного комитета, где этот кусок был заброшен скульптором Агостино ди Дуччо. Хотя статуя и обращена к классическому образу Аполлона Бельведерского, обожаемого во время Возрождения, она, благодаря выразительности и тщательной анатомической проработке, стала квинтэссенцией представлений Ренессанса о человеке. В музее представлены и другие шедевры великого маэстро: **Пьета́ из Палестрины** — его поздняя работа, в которой контраст между законченными формами тела Христа и необработанными фигурами учеников, поддерживающих Его, усиливают трагизм сцены; четыре подготовительных модели **Рабов**, заказанные для гробницы Юлия II, у которых элемент "незаконченности" с пластичной сдержанностью и силой выражает микеланджеловскую концепцию освобождения формы из материала, а духа — из тела; **Евангелист Матфей** — единственная фигура из предполагавшегося ансамбля в 12 статуй на фасаде флорентийского собора, только начатая, но достаточно выражающая замысел автора. *Бронзовый бюст* Буонаррoти отлит сразу по его смерти **Даниеле да Вольтерра**, другом и учеником маэстро. В Академии выставлены также две интересные гипсовые модели **Джамболоньи**: *Похищение сабинянок* (оригинал — в Лоджии Синьории) и *Добродетель, попирающая Порок* (оригинал — в Барджелло).

12 **МУЗЕЙ И ФАБРИКА ПОДЕЛОЧНЫХ КАМНЕЙ** (виа дельи Альфани, 78). Фабрика, основанная в 1588 г. Фердинандо I Медичи, процветала в течение двух веков. Ныне здесь — **Музей**, экспонирующий замечательные образцы флорентийских мозаик.

13 **КОНСЕРВАТОРИЯ ЛУИДЖИ КЕРУБИНИ** (пьяцца делле Белле Арти, 2). Помимо **Музыкальной библиотеки** с обширным собранием книг и автографов известных итальянских композиторов (Монтеверди, Россини, Керубини и др.), интерес представляет и **Музей**, обладающий коллекцией древних музыкальных инструментов.

Третий маршрут

3 ТРЕТИЙ МАРШРУТ

1. ПЬЯЦЦА ДЕЛЛА РЕПУБЛИКА
2. НОВЫЙ РЫНОК
3. САНТО СТЕФАНО АЛЬ ПОНТЕ
4. ПОНТЕ ВЕККИО
5. ЦЕРКОВЬ САНТА ФЕЛИЧИТА
6. ПАЛАЦЦО ПИТТИ
7. ПАЛАТИНСКАЯ ГАЛЕРЕЯ
8. КОРОЛЕВСКИЕ АППАРТАМЕНТЫ
9. МУЗЕЙ СЕРЕБРЯНЫХ ИЗДЕЛИЙ
10. КАРЕТНЫЙ МУЗЕЙ
11. ГАЛЕРЕЯ СОВРЕМЕННОГО ИСКУССТВА
12. САД БОБОЛИ
13. МУЗЕЙ ФАРФОРА
14. МУЗЕЙ "СПЕКОЛА"
15. ЦЕРКОВЬ САНТО СПИРИТО
16. ЦЕРКОВЬ КАРМИНЕ
17. ЦЕРКОВЬ САН ФРЕДИАНО ИН ЧЕСТЕЛЛО

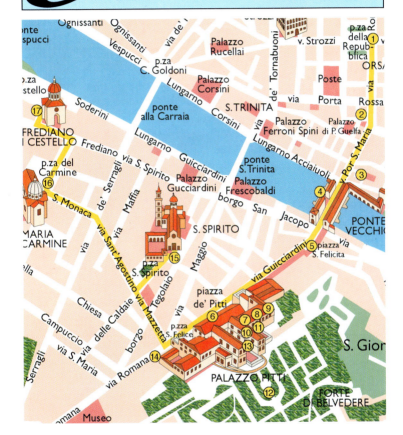

ПЬЯЦЦА ДЕЛЛА РЕПУБЛИКА. Между сакральным и политическим центрами города располагалась красочная площадь Старого Рынка, древний торговый центр, разрушенный в 1887 г. для строительства ныне существующей площади.

Окаймлённая дворцами XIX века, портиками и монументальной аркой, новая площадь стала современным городским центром. Посредине водружена *колонна* со *статуей Изобилия*, которая стояла здесь ещё во времена Старого Рынка.

НОВЫЙ РЫНОК. Рынок под элегантным *портиком* в стиле Ренессанса **Джованни Б. дель Тассо** (1551), прежде служил местом сделок по продаже шёлковых тканей и ювелирных изделий. В обиходе его зовут *"Порчеллино"*, т.е. Поросёнок, по вольной бронзовой копии античного вепря, выполненной в

Третий маршрут

Нери ди Фиораванти: Понте Веккио.

Пьетро Такка: Вепрь ("Порчеллино").

1612 г. **Пьетро Такка** (мраморный оригинал хранится в Уффици). Иногда рынок называют и *"Соломенным"*, так как здесь можно найти всевозможные типичные флорентийские кустарные изделия из соломы, кожи, серебра и пр.

3 САНТО СТЕФАНО АЛЬ ПОНТЕ. На маленькой площади, слева от виа Пор Санта Мария, стоит **церковь во имя Святых Стефана и Цецилии на мосту**, которую предание относит ко временам Карла Великого. Нижняя часть фасада, в типичном флорентийско-романском стиле, с окнами-бифоре и бело-зелёными мраморными вставками - древнейший фрагмент здания (1233). Архитектор **Такка** перестроил трехнефный **интерьер** в однонефный (1649-55), куда были прибавлены плафон, капеллы, балюстрада **Буонталенти** (1574), алтарный рельеф Избиение камнями Св. Стефана (бронза Такки), картины **Я. Ди Чионе**, **Санти ди Тито**, **М. Росселли**. Нынешний Епархиальный музей хранит тут произведения искусства из храмов, упразднённых или лишенных охраны.

ПОНТЕ ВЕККИО. Возможно, этот самый старый городской мост уже существовал при римлянах. Разрушенный наводнением в 1333 г., он был отстроен вновь в 1345 г. **Нери ди Фиораванти** (Вазари называет другое имя — Таддео Гадди).
По сторонам моста — двойные торговые ряды, в которые в конце XVI в. Фердинандо I перевёл ювелиров.
Над восточнными рядами — **Коридор Вазари,** соединяющий Палаццо Веккио и Палаццо Питти. Посреди моста — памятник

Нери ди Фиораванти: Понте Веккио.

знаменитому флорентийскому скульптору и ювелиру Бенвенуто Челлини **Р.Романелли** (1900).

ЦЕРКОВЬ САНТА ФЕЛИЧИТА (пьяцца ди Санта Феличита). Воздвигнутая на месте древнего христианского кладбища, церковь Св.Феличаты была обновлена в XI и XIV веках. Наружный портик, возведённый **Вазари**, (часть Коридора Вазари) сохранён без изменений при перестройке **Руджери** (1736). Капеллы внутри однонефного зала разделены пилястрами. Первая справа, за оградой, *капелла Каппони*, построена **Брунеллески**. **Понтормо** создал алтарный образ капеллы, *Снятие со Креста*, и фреску на правой стене, *Благовещение*.

ПАЛАЦЦО ПИТТИ. Это — самый внушительный флорентийский дворец эпохи Возрождения. Начат в 1458 г. по плану Брунеллески (1440), под наблюдением Луки Фанчелли и по заказу Луки Питти. Впоследствии дворец неоднократно расширяли по проектам Амманнати, Париджи и Руджери. В 1540 г. он был куплен Элеонорой Толедской, супругой Козимо I, став, таким образом, великогерцогской собственностью. После пресечения династии Медичи он перешёл к Лотарингскому Дому, а когда Флоренция стала столицей Италии (1865—1871),

Третий маршрут

GIARDINO

Палаццо Питти
Палатинская галерея
2-ой этаж

I.	Зал Венеры.
II.	Зал Аполлона.
III.	Зал Марса.
IV.	Зал Юпитера.
V.	Зал Сатурна.
VI.	Зал Илиады.
VII.	Зал с печью.
VIII.	Зал Обучения Юпитера.
IX.	Туалетный зал.
X.	Зал Одиссея.
XI.	Зал Прометея.
XII.	Колонный коридор.
XIII.	Зал Правосудия.
XIV.	Зал Флоры.
XV.	Зал Путти.
XVI.	Галерея Поччетти.
XVII.	Музыкальный зал.
XVIII.	Зал Кастаньоли.
XIX-XXIII.	Аппартаменты Вольтеррано.
XXIV-XXVIII.	Служебные помещения.

A. Вестибюль.
B. Зал Чашки.
C. Терраса.
D. Двор Амманнати.

Королевские аппартаменты

1.—2. Вестибюль.
3. Скульптурная галерея.
4. Обеденный зал, или Зал с нишами.
5. Зелёный зал.
6. Тронный зал.
7. Голубой зал.
8. Капелла.
9. Зал попугаев.
10. Желтая палата.
11. Спальня королевы.
12. Спальня короля.
13. Кабинет.
14. Малый зал.
15. Аванзал.
16. Зал Боны.
17. Большой Бальный (или Белый) зал.

Фасад Палаццо Питти.

дворец служил королевской резиденцией. Сейчас в нём находятся несколько важных музеев: **Палатинская галерея**, **Королевские аппартаменты**, *Музей серебряных изделий*, *Музей современного искусства*, **Каретный музей**, а в садовом павильоне — *Музей фарфора*.

7 ПАЛАТИНСКАЯ ГАЛЕРЕЯ. Одна из самых представительных галерей в мире хранит шедевры главных итальянских и европейских школ XV—XVIII вв.
Коллекция, основанная в 1620 г. Козимо II, значительно попол-

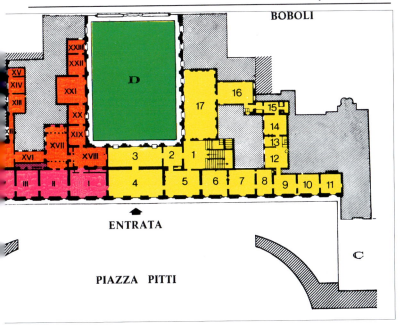

нена Фердинандо II. В 1820 г. Лотарингский Дом открыл свою галерею для публики, а с 1911 г. она стала государственной. Экспозиция, не отвечая современным музейным критериям, достоверно выражает вкусы её собирателей. **Главная лестница** дворца **Амманнати** служит входом в музей. Через **вестибюли** (1-2), **скульптурную галерею** (3) и **Зал с нишами** (4) можно пройти в **Зал Венеры** (I), декорированный, как и четыре последующие зала, **Пьетро да Кортона** и **Чиро Ферри**, выполнивших в лепнине и на фресках мифологические сюжеты, аллегорически прославляющие семейство Медичи. В Зале Венеры выставлены картины **Тициана**: *Концерт (возможно, при участии Джорджоне), Портрет Юлия II, Портрет Пьетро Аретино, Ла Белла (Красавица)*; **Рубенса**: *Возвращение крестьян с работы, Одиссей на острове феакийцев* и два *Морских вида на закате* **Сальватора Розы**. В центре зала — статуя *Итальянская Венера* **Антонио Кановы** (1810).

В **Зале Аполлона** (II) — другие картины **Тициана**: *Портрет знатного господина и Магдалина*; картины **Андреа дель Сарто**: *Положение во гроб и Святое Семейство*; **Россо Фиорентино**: *Мадонна на троне со Святыми*; портреты *Карла I Английского и Генриетты Французской* **Ван Дейка**.

В **Зале Марса** (III) выставлены картины **Мурильо**: *Мадонна с Младенцем и Мадонна с чётками*; **Рубенса**: *Четыре философа и Последствия войны*; **Ван Дейка**: *Портрет кардинала Гвидо Бентивольо*; **Веронезе**: *Мужской портрет*; **Тициана**: *Портрет кардинала Ипполито де' Медичи*; **Гвидо Рени**: *Клеопатра*; **Тинторетто**: *Портрет Луиджи Корнаро*.

В **Зале Юпитера** (IV) — картины **Андреа дель Сарто**: *Успение, Благовещение, Юный Иоанн Креститель*; **Фра Бартоломео**: *Положение во гроб и Св.Марк*; **Рубенса**: *Нимфы и сатиры и Святое Семейство*; **Бронзино**: *Портрет Гвидобальдо делла Ровере*; **Боргоньоне**: *Битва*; **Рафаэля**: *Донна Велата (дама под покрывалом)*; **Перуджино**: *Мадонна дель Сакко*; **Гверчино**: *Мадонна*

Рубенс: Последствия войны.

Рафаэль: Мадонна в кресле.

делла Рондинелла. В **Зале Сатурна** (V) — картины **Рафаэля**: Мадонна Грандука, Портрет Томмазо Ингирами, Видение Иезекииля; Портреты Аньоло и Маддалены Дони, Портрет кардинала Бернардо Довици, Мадонна в кресле; **Гверчино**: Положение во гроб и Мария Магдалина; **Фра Бартоломео**: Воскресший Христос с Евангелистами.

В **Зале Иллиады** (VI), расписанном в 1819 г. **Луиджи Сабателли**, представлены картины **Рафаэля**: *Портрет неизвестной*, названной *Донной Гравидой* (беременной); **Андреа дель Сарто**: два *Успения*; **Ридольфо дель Гирландайо**: *Женский портрет*; **Сустерманса**: *Портрет графа Вальдемаро Кристиано*; **Веласкеса**: *Портрет Филиппа IV Испанского*. В центре зала — статуя *Милосердие* **Лоренцо Бартолини** (1824).

Далее - **Зал с печью** (VII) с фресками **Пьетро да Кортона**; за ним — **Зал "Воспитание Юпитера"** (VIII) с картинами *Спящий Амур* **Караваджо** и *Юдифь* **Аллори**; *Туалетный зал* (IX) в стиле ампир; **Зал Одиссея** (X) с *Мадонной дель Импанната* **Рафаэля** (1514), *Марией Магдалиной* **Дольчи** и работами **Тинторетто**, **Андреа дель Сарто** и **Гвидо Рени**; **Зал Прометея** (XI) со *Святым Семейством* **Синьорелли**, *Мадонной с Младенцем* **Филиппо Липпи** и картинами **Боттичелли**, **Понтормо** и **Джулио Романо**; **Колонный коридор** (XII) с фламандской живописью; **Зал Правосудия** (XIII) с мужскими портретами **Тициана**, **Веронезе** и **Тинторетто**; **Зал Флоры** (XIV) с картинами **Андреа дель Сарто**, **Бронзино** и **Понтормо**; **Зал Путти** (XV) с фламандской живописью; **Галерея Поччетти** (XVI), названная по фамилии художника-декоратора, с работами **Рубенса**, **Дугэ**, **Спаньолетто** и **Сальватора Розы**; **Музыкальный** (или **Тамбуринный**) **Зал** (XVII) в классическом стиле с колоннадой по краям и с бронзово-малахитовым столом русской работы в центре; **Зал Кастаньоли** (XVIII) с прекрасным круглым столом, на столешнице которого — панно *Аполлон и Музы*, сделанное на Фабрике поделочных камней; **Аппартаменты**

Филиппо Липпи: Мадонна с Младенцем.

Тициан: Портрет знатного человека, деталь.

с **Аллегориями Вольтеррано** (XIX—XXIII), названные по имени декоратора первой из комнат с фресками, прославляющими Витторию делла Ровере; среди других, в них выставлены работы **Чиголи, Поччетти, Эмполи, Аллори** и **Сальватора Розы**, а также в зале XXI — *Портрет Ивана Чемоданова* **Сустерманса**.

8 КОРОЛЕВСКИЕ АППАРТАМЕНТЫ. Аппартаменты, начинающиеся у **Зала с нишами**, занимают правую часть второго этажа. Сначала расположены резиденция Медичи и Лотарингского Дома, затем — приёмные залы Савойской династии. Прекрасный ансамбль вновь открыт для публики в 1993 г. После тщательной реставрации, согласно описи 1911 г., зритель может ознакомиться с тремя веками истории интерьера. Особый интерес представляют **Тронный зал,** расписанный Дж. Кастаньоли и П.Сарти, **Белый зал** и **Овальный зал** (Туалетная Королевы), украшенные лепниной XVIII в. Среди экспонатов — многочисленные портреты исторических персонажей, многие из которых написаны Сустермансом.

9 МУЗЕЙ СЕРЕБРЯНЫХ ИЗДЕЛИЙ. Вход в музей — в левом углу двора. Основанный в 1919 г., он хранит богатейшую коллекцию изделий из драгоценных металлов, драгоценных и полудрагоценных камней, некогда принадлежавших Медичи и Габсбурго-Лотарингскому Дому.

Третий маршрут

Палатинская галерея: Тронный зал (Королевские аппартаменты).

Палатинская галерея: Белый зал (Королевские аппартаменты).

Среди самых важных экспонатов — *вазы из полудрагоценных камней*, принадлежавшие Лоренцо Великолепному; Медицейская коллекция *камей и гемм*; прекрасный *ларец* из горного хрусталя со сценами Страстей Господних, вырезанных **Валерио Белли**, и драгоценности Анны Марии Людовики Медичи (жемчуг и бриллианты в золотой оправе).

10 КАРЕТНЫЙ МУЗЕЙ. Устроен в правом крыле дворца. В экспозиции — кареты XIX—XX вв.

11 ГАЛЕРЕЯ СОВРЕМЕННОГО ИСКУССТВА. Расположена на третьем этаже дворца. Основанная Временным правительством Тосканы в 1860 г., галерея постоянно приобретает произведения тосканской школы XIX—XX вв.

Первые залы, посвящённые эпохе *классицизма*, демонстрируют картины и скульптуры известных мастеров этого направления Антонио **Кановы**, Лоренцо **Бартолини** и Винченцо **Камуччини** (в том числе выставлен портрет А.Демидова **Брюллова** и модель памятника Н.Демидову **Бартолини**).

Следующие залы посвящены периоду *романтизма*, художникам Франческо **Гайецу**, Луиджи **Сабателли**, Антонио **Фонтанези**, Доменико **Индуно**, Массимо **Д'Адзелио** (он же — государственный деятель) и скульпторам Амосу **Кассиоли** и Джованни **Дюпре**.

В других залах — *тосканские пуристы, исторические и жанровые картины*, а также недавно систематизированное и увеличенное собрание работ художников из Тосканы школы **маккьяйоли** ("маккья" — пятно), существенно обновившей в середине прошлого века итальянское искусство.

Среди картин, развешанных согласно воле их дарителей, — работы **Джованни Фаттори** (1825—1908), главного представителя маккьяйоли, а также картины **Сильвестро Леги, Телемако Синьорини, Джузеппе Де Ниттиса**.

Особенно интересны работы из собрания **Диего Мартелли**, мецената маккьяйолистов. Последние залы дают возможность познакомиться с *итальянскими художниками новейшей эпохи*: **Северини, Соффичи, Де Кирико, Казорати, Розаи, Романелли** и **Марини**.

Джованни Фаттори: Тосканская Маремма, деталь.

Третий маршрут

Вид на Палаццо Питти из Сада Боболи.

САД БОБОЛИ. Характерный образец итальянского сада, в котором природа и архитектура соединены в одно художественное целое. Сад разбит на склоне одноименного холма, откуда открываются чудные виды на город и окрестности. Живое разнообразие ему придают статуи, аллеи, фонтаны, гроты и амфитеатр.
Построенный по заказу Козимо I и Элеоноры Толедской, сад стал плодом гения пяти архитекторов: он был начат **Амманнати** по рисунку **Триболо** (1549), продолжен **Буонталенти** и окончен **Джулио** и **Альфонсо Париджи**. **12**

МУЗЕЙ ФАРФОРА (Сад Боболи — Казино дель Кавальере). Драгоценная коллекция фарфора разного производства: Каподимонте, Севра, Шантиля, Вены, Берлина, Уорчестера и Китая размещена с 1973 г. в трёх залах **Казино дель Кавальере** (Кавалерский домик), построенного для Козимо III (ранее входила в состав Музея серебряных изделий). **13**

МУЗЕЙ "СПЕКОЛА" (виа Романа, 17). *Музей физики и естественных наук* (первоначально — астрономическая и метеорологическая обсерватория "Спекола") основан Великим герцогом Пьетро-Леопольдо Лотарингским для размещения научной коллекции Медичи. Исключительная *коллекция анатомических фигур из раскрашенного воска* работы Чиголи, сицилианцев Микеле и Гаэтано Дзумбо, а также — Сузини, Каламаи и Каленцуоли. По желанию последнего Великого герцога, Леопольдо II, в музее устроен мемориальный зал, "трибуна", в честь Галилея. **14**

15 **ЦЕРКОВЬ САНТО СПИРИТО** (пьяцца Санто Спирито). Один из чистейших образцов раннего Ренессанса был построен по плану **Брунеллески** (строительство завершил Манетти). *Колокольня* сооружена в 1517 г. **Баччо д'Аньоло**, а *купол* — в 1481 г. **Сальви ди Андреа** по рисунку того же Брунеллески.

В плане церковь имеет форму латинского креста. Трёхнефный зал характерен для Брунеллески, мастерски проектировавшего пространственные пропорции.

Особый интерес представляют *притвор* Кронака (1494) и *ризница* Джулиано да Сангалло (1492) куда было перенесено *Распятие*, ранняя работа **Микельанджело**. Слева от храма, в здании *Фонда Сальваторе Романо*, хранится фреска **Тайная Вечеря** (ок. 1360) **Орканьи**.

На площади, где доминирует эта выдающаяся церковь, стоит обратить внимание на дворец XVI в. постройки **Кронака**, *палаццо* **Гваданьи** (д. №10).

Брунеллески: интерьер церкви Санто Спирито.

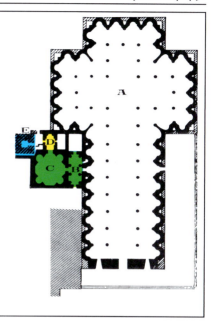

План церкви Санто Спирито

A. Главный алтарь (раб. Каччини, 1608).
B. Притвор ризницы.
C. Ризница.
D. Церковная контора.
E. Колокольня (Баччо д' Аньоло).

ЦЕРКОВЬ КАРМИНЕ (пьяцца дель Кармине). Церковь Св.Марии Кармелитской построена в романо-готическую эпоху, но почти целиком разрушена пожаром (1771) и перестроена в XVIII в. Однонефный зал, в форме латинского креста, имеет ложные архитектурные перспективы, написанные на сводах Доменико Стаджи. В правом трансепте, в **капелле Бранкаччи**, не тронутом, по счастью, пожаром, — знаменитый цикл фресок, изображающих *Житие апостола Петра* и *Грехопадение прародителей*. Недавняя реставрация с использованием передовой техники и филологических знаний была закончена в 1984 г. и привела к новым открытиям. Фрески, над которыми трудились **Мазолино** (1424—25), **Мазаччо** (1425—28) и **Филиппино Липпи** (1481—85) являются шедеврами итальянского искусства. Наибольшее значение имеют фрески **Мазаччо**, художника, положившего блестящее начало флорентийскому Ренессансу. Его кисти, без сомнения, принадлежат: *Изгнание из Рая, Уплата подати, Пётр и Иоанн раздают милостыню, Пётр крестит народ, Пётр исцеляет больных своей тенью*. Над алтарём — мраморный образ *Кармелитской Мадонны*, иначе называемой *Мадонной народа* тосканской школы второй половины XIII в. (приписывается **Коппо ди Марковальдо**.

В левом трансепте — **Капелла Корсини**, расписанная фресками **Луки Джордано**.

В притворе, рядом с капеллой Бранкаччи, — вход в обширную **Ризницу** (XV в.) с работами **Андреа да Фиренце** и вход в маленькую **Капеллу** с фресками **Биччи ди Лоренцо**. Из ризницы через большой **двор** (XVII в.) можно пройти в **трапезную** с фресками **Аллори** (1582).

ЦЕРКОВЬ САН ФРЕДИАНО ИН ЧЕСТЕЛЛО (виа ди Честелло, 4). Церковь во имя Св.Фредиана стоит в центре старого и

Третий маршрут

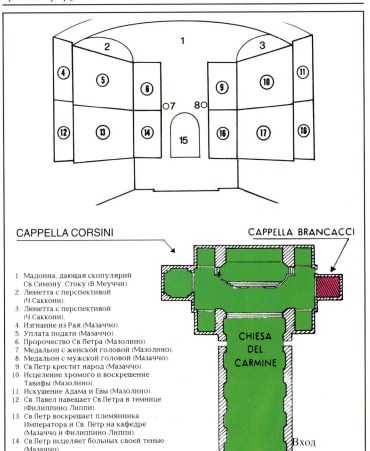

CAPPELLA CORSINI

CAPPELLA BRANCACCI

CHIESA DEL CARMINE

Вход

1. Мадонна, дающая скопулярий Св.Симону Стоку (В.Меуччи).
2. Люнетта с перспективой (Ч.Саккони).
3. Люнетта с перспективой (Ч.Саккони).
4. Изгнание из Рая (Мазаччо).
5. Уплата подати (Мазаччо).
6. Пророчество Св.Петра (Мазолино).
7. Медальон с женской головой (Мазолино).
8. Медальон с мужской головой (Мазолино).
9. Св.Петр крестит народ (Мазаччо).
10. Исцеление хромого и воскрешение Тавифы (Мазолино).
11. Искушение Адама и Евы (Мазолино).
12. Св. Павел навещает Св.Петра в темнице (Филиппино Липпи).
13. Св.Петр воскрешает племянника Императора и Св. Пётр на кафедре (Мазаччо и Филиппино Липпи).
14. Св.Петр исцеляет больных своей тенью (Мазаччо).
15. Мадонна народа (атриб. Коппо ди Марковальдо).
16. Св.Петр и Св.Иоанн раздают милостыню (Мазаччо).
17. Крестная смерть Св.Петра и Св.Петр с Симоном-волхвом перед Нероном (Филиппино Липпи).
18. Освобождение Св.Петра Ангелом из темницы (Филиппино Липпи).

Мазаччо: Уплата по́дати, деталь.

Мазаччо: Изгнание из Рая, деталь.

характерного для Ольтрарно (Заречье) квартала Сан-Фредиано, который и поныне богат ремёслами и местным колоритом. Церковь, первоначально посвящённая Св.Марии Ангельской, была перестроена **Антонио Мария Ферри** (1680—89) по чертежам Черутти . Тот же Ферри построил внушительный купол на цилиндрическом барабане. Барочный интерьер украшен фресками Габбиани и Курради.

Четвёртый маршрут

ЧЕТВЁРТЫЙ МАРШРУТ

1. ПЬЯЦЦА САН ФИРЕНЦЕ
2. ПАЛАЦЦО БАРДЖЕЛЛО
3. НАЦИОНАЛЬНЫЙ МУЗЕЙ БАРДЖЕЛЛО
4. ЦЕРКОВЬ ФЛОРЕНТИЙСКОЙ БАДИИ
5. ДОМ ДАНТЕ
6. ДОМ БУОНАРРОТИ
7. ПЬЯЦЦА САНТА КРОЧЕ
8. БАЗИЛИКА САНТА КРОЧЕ
9. МУЗЕЙ САНТА КРОЧЕ
10. КАПЕЛЛА ПАЦЦИ
11. МУЗЕЙ ФОНДА ХОРНА
12. МУЗЕЙ БАРДИНИ — ГАЛЕРЕЯ КОРСИ
13. МУЗЕЙ ИСТОРИИ НАУКИ

1 ПЬЯЦЦА САН ФИРЕНЦЕ. Арх. **Ф. Руджери** в 1715 г. построил ораторианский **Монастырь во имя Св. Флорентия**, популярного из-за своей соименности городу. Барочное здание теперь обращено в Судебную палату (Трибунал). На противоположной стороне — **Палаццо Гонди Джулиано да Сангалло** (1494), прекрасный образец дворянской резиденции (некоторое время во дворце жил Леонардо да Винчи).
Справа высится красивая готическая **колокольня** флорентийской **Бадии**, контрапунктом к которой представляется башня величественного **Палаццо Барджелло**.

2 ПАЛАЦЦО БАРДЖЕЛЛО. Здание начали строить в 1255 г. как резиденцию Народного капитана (выборная должность градоуправителя), затем значительно расширили и закончили к середине XIV в. Башня, возведённая в 1255 г. и прозванная *Волоньяна*, составляет одно целое с Палаццо. С 1261 г. здесь —

Четвёртый маршрут

Внешний вид Барджелло с башней Волоньяна.

резиденция правителя города, Подеста, с 1502 г. — Совета правосудия, а с 1474 г. — Капитана правосудия, или Барджелло, при котором здесь была устроена тюрьма, где пытали и рубили головы. После реставрационных работ Франческо Маццеи (1865) дворец вновь обрёл свое очарование и значительность памятника флорентийской готической архитектуры.

Своеобразный и ассимитричный внутренний **дворик** с необычной внешней *лестницей* **Нери ди Фиораванти** (1367) ведёт к элегантной лоджии второго этажа с двойной аркадой. Ныне в Палаццо — ***Национальный музей Барджелло***.

НАЦИОНАЛЬНЫЙ МУЗЕЙ БАРДЖЕЛЛО (виа дель Проконсоло, 4). Музей, основанный в 1859 г., необычайно важен, благодаря коллекции тосканской скульптуры (в особенности — эпохи Возрождения), а также предметов старины и оружия. Вестибюль ведёт в просторный **Большой Зал** (I) с произведениями **Микеланджело**, среди которых — *Пьяный Вакх* (1499), мраморное тондо *Мадонна с Младенцем и юным Иоанном Крестителем* (1504), *Давид, или маленький Аполлон* (ок. 1531) и бюст *Брута* (1540). Здесь также выставлены скульптуры **Даниеле да Вольтерры**, **Якопо Сансовино**, **Джамболоньи**, **Амманнати**, **Бандинелли**, **Бернини** и *бюст Козимо I* **Бенвенуто Челлини**. Под портиком во дворе, напротив главного входа — **зал** (II), который предполагается посвятить готике, и **зал** (III) с образцами тосканской скульптуры XIV в. (*Мадонна с Младенцем* **Тино да Камаино**). **Второй этаж.** В **лоджии** выставлены скульптуры и бронзовые статуи **Джамболоньи**, в т.ч. — *Меркурий*, *два путти и сатир*. ***Зал Главного совета*** (I) посвящён скульптуре первой половины XV в., в т.ч. — работам **Донателло**: *Св.Георгий* (1416), *Давид* (бронза, 1430) и *Иоанн Креститель*; а также скульптурам **Дезидерио да Сеттиньяно**, **Брунеллески**, **Гиберти**, **Бертольдо**, **Агостино ди Дуччо**, **Луки делла Роббиа** и **Микелоццо**.

Затем следует ***Башенный зал*** (II) и ***Зал Подеста*** (III) с экспозициями гобеленов, мозаик, золотых изделий и прочих предметов искусства XIII-XVI вв. В ***Капелле Подеста*** (IV) сохранились, в весьма плохом состоянии, фрески, приписываемые **Джотто**. Чуть дальше — ***ризница*** (V). Из Зала Подеста можно пройти в ***Зал слоновой кости*** (VI), где выставлена раскрашенная деревянная скульптура Тосканы XIV—XV вв. Затем следуют ***Зал золотых изделий*** (VII) и ***Зал майолики*** (VII) с работами старых мастерских Флоренции, Сиены, Фаэнцы, Урбино и Губбио.

Третий этаж. В первом *зале* (I) представлены майолики **Джованни делла Роббиа** и его мастерской. В *зале*, прозванном **Умывальня** (II), собраны майолики **Андреа делла Роббиа**. В зале III — скульптуры **Верроккио**, в т.ч. — знаменитый бронзовый *Давид* и

Донателло: Давид (бронза).

Микеланджело: Вакх.

Андреа делла Роббиа: Юноша.

Дама с букетом **Мадзолино**, а также произведения **Антонио дель Поллайоло** *Геркулес и Антей*, **Антонио Росселлино, Бенедетто да Майано** и **Мино да Фьезоле**. *Каминный зал* (VI) хранит важную коллекцию *бронзы* Ренессанса и великолепный камин из камня "серена" работы **Бенедетто да Ровеццано**. Из *зала* III экскурсию можно продолжить в небольшие *залы* IV и V, где выставлена *нумизматическая коллекция* Медичи — самое богатое в мире собрание медалей XV—XVI вв. И, наконец, в *зале* VII — впечатляющая выставка *оружия*, а в *зале* VIII — экспонаты из *собрания Франкетти*.

ЦЕРКОВЬ ФЛОРЕНТИЙСКОЙ БАДИИ (виа Кондотта, 4; вход — с виа Данте Алигьери). Древнее бенедиктинское аббатство (X в.), расширенное в формах цистерцианской готики (XIV в.), внутри целиком перестроено **Маттео Сегалони** в 1627 г. Изящный *портал* **Бенедетто да Ровеццано** (1495) украшен майоликовым образом *Мадонны с Младенцем* **Б.Бульони**. В барочном *интерьере* (имеет в плане форму греческого креста) — многочисленные скульптуры **Мино да Фьезоле**: *Мадонна с Младенцем, Святые Лаврентий и Леонард* (барельеф), типичные для Ренессанса *надгробия* Бернардо Джуньи и графа Уго, а также панель

Филиппино Липпи Явление Девы Марии Св.Бернарду. Из **Монастырского "апельсинового" двора** (арх.**Росселлино**, 1435—40) открывается интересный вид на шестигранную колокольню.

Вблизи Бадии, на виа дель Проконсоло, 12, стоит дворец Строцци, начатый в 1593 г., но незаконченный и поэтому прозванный **Палаццо Нонфинито**. В нём размещается **Национальный музей антропологии и этнографии**, первый музей такого рода в Италии (основан в 1869 г. сенатором Паоло Мантегацца).

5 ДОМ ДАНТЕ (виа Санта Маргерита, 1). В 1875—1910 гг. в старых домах, считавшихся собственностью семьи Алигьери, была проведена спорная реставрация. В новом мемориале выставляются экспонаты, связанные с Данте, а также временные выставки современных художников. Рядом — средневековая **Башня Кастанья** (пьяцца Сан Мартино, 1) — первая резиденция приоров гильдий. На той же виа Санта Маргерита — церквушка **Св.Маргариты деи Черки**, в которой, по преданию, впервые встретились Беатриче и Данте (теперь её называют "церковью Данте").

6 ДОМ БУОНАРРОТИ (виа Гибеллина, 70). Дом был приобретён Микеланджело для своего племянника Леонардо, сын которого, Микеланджело Младший, разукрасил дом в XVII в. В 1858 г. этот дом перешёл во владение муниципалитета (вместе с наследием последнего представителя семьи).

Годом позже он был преобразован в **Музей** ранних работ **Микеланджело**, где выставлены барельефы *Мадонна делла Скала* (1490-92) и *Битва кентавров* (1492), модель речного божества для капеллы

Микеланджело: Мадонна делла Скала, деталь.

Медичи, различные подготовительные модели из терракоты, воска и дерева, богатая коллекция его рисунков и, кроме того, — портреты Микеланджело и его родственников, а также нумизматическое и археологическое собрание Буонарроти.

ПЬЯЩЦА САНТА КРОЧЕ. Эта средневековая площадь в древности служила местом народных собраний и празднеств, а со времени Ренессанса — местом ристалищ, одно из которых, устроенное Джулиано Медичи, было воспето в кантате Полициано. И до сих пор площадь — сердце одноименного квартала, описанного в итальянской классике.

На этой площади обычно проводят традиционную ежегодную костюмированниую игру в мяч. Из старых *дворцов* представляют интерес **Палаццо Серристори** (арх. **Баччо д'Аньоло**, XV в.), **Палаццо Антелла** (арх. **Дж..Париджи**, 1619) с полихромными фресками (школа Дж. да Сан Джованни). Над площадью доминирует **Базилика Санта Кроче**, у левого входа в которую стоит памятник Данте (горожане прозвали этот памятник "Данте, прыгающий через лужу").

БАЗИЛИКА САНТА КРОЧЕ. Францисканская церковь Св.Креста, начатая в 1294 г., предположительно, по проекту **Арнольфо ди Камбио**, — яркий образец флорентийской готики. Добавленные недавно **колокольня Баккани** (1874) и мраморный **фасад М.Матаса** (1845—63) контрастируют с общей строгой тональностью постройки. Композиционные ритмы интерьера обладают классической ясностью. Трёхнефный храм в плане имеет излюбленную францисканами форму креста в виде буквы Т (такой крест особо почитал Св.Франциск). Восьмигранные столбы поддерживают своды и деревянные потолки с рас-

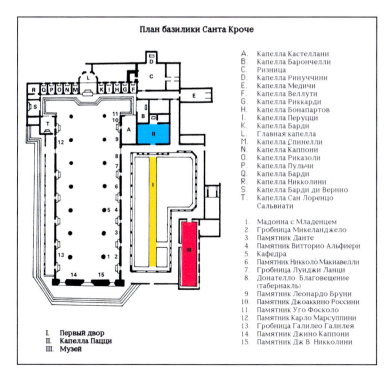

План базилики Санта Кроче

A. Капелла Кастеллани
B. Капелла Барончелли
C. Ризница
D. Капелла Ринуччини
E. Капелла Медичи
F. Капелла Веллути
G. Капелла Риккарди
H. Капелла Бонапартов
I. Капелла Перуцци
K. Капелла Барди
L. Главная капелла
M. Капелла Спинелли
N. Капелла Каппони
O. Капелла Риказоли
P. Капелла Пульчи
Q. Капелла Барди
R. Капелла Никколини
S. Капелла Барди ди Верніо
T. Капелла Сан Лоренцо Сальвиати

1. Мадонна с Младенцем
2. Гробница Микеланджело
3. Памятник Данте
4. Памятник Витторио Альфиери
5. Кафедра
6. Памятник Никколо Макиавелли
7. Гробница Луиджи Ланци
8. Донателло. Благовещение (табернакль)
9. Памятник Леонардо Бруни
10. Памятник Джоаккино Россини
11. Памятник Уго Фосколо
12. Памятник Карло Марсуппини
13. Гробница Галилео Галилея
14. Памятник Джино Каппони
15. Памятник Дж В. Никколини

I. Первый двор
II. Капелла Пацци
III. Музей

Базилика Санта Кроче.

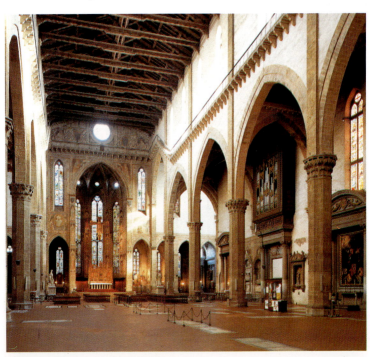

Интерьер базилики Санта Кроче.

Донателло: Благовещение.

писанными балками. *Национальный пантеон*, как титулуют базилику, знаменит и высокими произведениями искусства.

Входная стена: *гробница Дж.Каппони*, флорентийского филолога XIX в. (А.Бортоне, 1884), *гробница Дж. Б.Никколини*, поэта и историка (П.Феди, 1883).

Главный неф: у третьего столба справа — прекрасная каменная *кафедра* **Бенедетто да Майано** (ок.1475) с *Житием Св.Франциска*; у последнего пилястра, слева — *надгробие Леона Баттиста Альберти* со статуей, работа **Леоне Бартолини** (1840—50).

Правый неф: над первым алтарём — *Распятие* **Санти ди Тито**; *надгробный памятник Микеланджело*, воздвигнутый **Вазари** с подмастерьями (1570) с аллегорическими фигурами Живописи, Скульптуры и Архитектуры; на столбе напротив — изумительный миндалевидный горельеф *Мадонна с Младенцем* **Антонио Росселлино**; над вторым алтарём — *Несение креста* **Вазари**; *кенотаф Данте* (поэт похоронен в Равенне, где умер изгнанником в 1321 г.) **С.Риччи** (1825); *надгробие поэта Витторио Альфьери* **А.Канова** (1810) с аллегорией скорбящей Италии; *надгробие Никколо Макиавелли* **И.Спинацци** (1787) с аллегорией Дипломатии, держащей медальон усопшего; *Табернакль из камня "серена" с Благовещением* — известная работа **Донателло** (ок.1435); *надгробие Леонардо Бруни*, историка и гуманиста, **Б.Росселлино** (1444); *надгробие Джоаккино Россини* **Кассиоли** (1902); над шестым алтарём — *Вход Господа в Иерусалим* **Чиголи**; работа **Берти** (1939) — *надгробие Уго Фосколо*, поэта, который в своей поэме "Гробницы" прославил усыпальницы в Санта Кроче.

Правый трансепт: *Капелла Кастеллани* с фресками **Аньоло Гадди**, представляющими *Жития Св.Николая Чудотворца*, *Св.епископа*

Антонина и Св.Иоанна Крестителя (ок.1385); **Капелла Барончелли**, расписанная **Таддео Гадди** (1332—38) *Сценами из Жизни Девы Марии*; над алтарём — панель с *Коронованием Девы Марии* из мастерской Джотто; в глубине на правой стене — *Мадонна с поясом* **Себастьяно Маинарди**, ученика Гирландайо; **Ризница** с фресками **Таддео Гадди** и **Никколо Джерини** (XIV в.); в ней же — **Капелла Ринуччини** с фресками *Сцены из Жизни Богородицы* и *Сцены из Жизни Марии Магдалины* **Джованни да Милано**; в конце коридора за ризницей — **Капелла Медичи** или Новициатов **Микелоццо** с алтарным майоликовым образом *Мадонна с Младенцем* **Андреа делла Роббиа**.

Капеллы по линии главного алтаря, в трансепте, — **Капелла Веллути**; **Капелла Кальдерини-Риккарди**, расписанная по своду **Джованни да Сан Джованни**; **Капелла Джуньи** с могилами некоторых Бонапартов (гробница Шарлотты — работа Бартолини); **Капелла Перуцци** с фресками *Житий Иоанна Крестителя и Иоанна Богослова* **Джотто** (1320); **Капелла Барди**, целиком расписанная **Джотто** (1317) на тему *Жития Св.Франциска* и ставшая выдающимся образцом итальянского искусства; **Главная капелла** (и хор), украшенная фресками *Обретение Честного Креста* **Аньоло Гадди** (ок.1380); триптихом **Никколо Джерини** и *Распятием* художника, называемого **Мастер из Фильине**; **Капелла Тозинги**; **Капелла Каппони** и **Капелла Риказоли**, полностью изменённые в XIX в. художником Сабаталли; **Капелла Барди ди**

Вазари: Надгробный памятник Микеланджело Буонарроти.

Четвёртый маршрут

Джотто: Смерть Св. Франциска (Капелла Барди).

Либертà с фресками **Бернардо Дадди** и майоликовым образом **Джованни делла Роббиа**; *Капелла Барди ди Вернио*, расписанная **Мазо ди Банко** (ок. 1340) на темы *Жития Св.Сильвестра*.
Левый трансепт: *Капелла Никколини* с фресками на сводах **Вольтеррано**; *Капелла Барди*, прославленная *Распятием* **Донателло**; *Капелла Сальвиати* с гробницей графини Софии Замойской, урождённой Чарторыйской — работа **Л.Бартолини**; у пилястры, снаружи капеллы — *Надгробие композитора Луиджи Керубини*.
Левый неф: над шестым алтарём — *Сошествие Св.Духа* **Вазари**; надгробие гуманиста Карло Марсуппини, секретаря Флорентийской республики, **Дезидерио да Сеттиньяно**; над пятым алтарём — *Вознесение* **Страдано**; на стене, между пятым и четвёртым алтарями — панель *Пьета* **Бронзино**, а в полу — могильные плиты скульпторов Лоренцо и Витторио Гиберти; над четвёртым алтарём — *Уверение апостола Фомы* **Вазари**; над третьим алтарём — *Вечеря в Эммаусе* **Санти ди Тито**; над вторым алтарём — *Воскресение* того же автора; у выхода — *надгробие Галилео Галилея* **Фоджини** с аллегориями Геометрии и Астрономии.

МУЗЕЙ САНТА КРОЧЕ (пьяцца Санта Кроче, 16). Территория **Музея** охватывает комплекс бывшего монастыря с **трапезной**, капеллами и дворами. Среди экспонатов — произведения флорентийской живописи и скульптуры XIV—XVI вв. Из достопримечательных — *Распятие* **Чимабуэ** (серьёзно попорчено наводнением 1966 г.), *Св. Людовик*, бронза **Донателло** (1423), работы **Мазо ди Банко**, **Орканьи**, **Биччи ди Лоренцо**, **Доменико Венециано** и **Бронзино**. На задней стене трапезной — перемещённые сюда чудесные фрески **Таддео Гадди** *Тайная вечеря* и *Иесеево древо с Распятием*. **9**

КАПЕЛЛА ПАЦЦИ (пьяцца Санта Кроче, 16). Справа от церкви, в глубине привлекательного дворика находится одно из самых прекрасных и гармоничных произведений **Брунеллески** — **Капелла Пацци**. Свод над папертью, опирающийся на шесть **10**

Таддео Гадди: Иесеево древо с Распятием, деталь.

колонн из камня "серена", покрыт глазурованными кассетами в форме розет с медальонами **Дезидерио да Сеттиньяно**. Над крышей возвышается широкий барабан со стройным фонарём. Интерьер капеллы выдержан в строгих геометрических формах. Майоликовые *медальоны* и *розеты* (**Лука делла Роббиа** и его мастерская) придают ему большую воздушность. Брунеллески возводил капеллу по заказу Андреа Пацци с 1443 г. до своей кончины в 1446 г. (первоначальный проект фасада остался незавершённым).

Рядом с пьяцца Санта Кроче, на пьяцца деи Кавалледжери, №1, находится **Национальная Библиотека** (римский арх. **Ч.Баццани**, 1911—35) — одна из самых важных в Италии. К сожалению, Библиотека серьёзно пострадала от наводнения 1966 г.

11 МУЗЕЙ ФОНДА ХОРНА (виа деи Бенчи, 6). В трёхэтажном палаццо конца кватроченто (арх.**Кронака**) размещена небольшая, но представительная коллекция живописи, мелкой пластики, керамики, предметов старины и мебели, завещанная (вместе с палаццо) городу англичанином Г.Хорном. Среди наиболее значительных экспонатов: *Св.Стефан* **Джотто**, *Распятие и Мадонна со Святыми* **Бернардо Дадди**, *Трое Святых* **Пьетро Лоренцетти**, *Св.Себастьян* **К.Дольчи**, *Св.Семейство* **Д.Беккафуми**, *Аллегория музыки* **Доссо Досси**, *Пьета* **С.Мартини**. Большое значение имеет собрание *рисунков* **Микеланджело**, **Рафаэля**, **Андреа дель Сарто**, **Караччи**, **Пуссена** и великих венецианцев XVIII в.

Рядом с палаццо, на углу Борго Санта Кроче, высится типичный флорентийский **дом-крепость** семейства Альберти с примечательным тамбуром (XV в.).

Брунеллески: Двор и Капелла Пацци.

Палаццо Барди-Серцелли (виа деи Бенчи, 5) считается одной из ранних работ Брунеллески. В XVI в. здесь собиралось флорентийское *общество "Камерата"*, поставившее впервые оперу, т.н. мелодраму. В створе виа деи Бенчи — **Мост алле Грацие**, возведённый в 1237 г. Как и другие городские мосты, он имел по бокам два ряда построек, занятых лавками, часовнями и кельями, в одной из которых жила Св.Аполлония. Мост был разрушен во время последней войны и сооружён вновь в современном виде.

МУЗЕЙ БАРДИНИ — ГАЛЕРЕЯ КОРСИ (пьяцца дель Моцци, 1). **12**
Муниципальный музей, основанный в 1922 г. по завещанию флорентийского антиквара и коллекционера Стефано Бардини, размещён в палаццо конца XIX в., построенном им же для своей коллекции. В собрании музея — картины, скульптуры (наиболее известна скульптура *Милосердие* **Тино да Камаино**), шпалеры, медали, вооружение, ковры, керамика и мебель. На втором этаже дворца — **Галерея Корси**, экспонирующая около 600 работ различных школ XI—XIII вв., самая известная из которых — *Архангел Михаил* **Поллайоло**.
Рядом с музеем — **Демидовская площадь** с памятником меценату и благотворителю **Николаю Никитичу Демидову** (1773—1828), жившему во Флоренции (скульптор **Л.Бартолини**, 1871 г.).

МУЗЕЙ ИСТОРИИ НАУКИ (пьяцца деи Джудичи, 1). Музей, **13**
учреждённый в 1930 г., располагается в средневековом **Палаццо Кастеллани**, где с 1574 г. по 1841 г. заседал гражданский суд "Руота" (колесо Св.Екатерины). В коллекции музея — научные инструменты, некогда собранные Медичи, предметы из различных частных собраний, а также из главного госпиталя Санта Мария Нуова. Интерес представляют *лупа и компас* **Галилея**, а также *барометр* **Торичелли**.

Пятый маршрут

ПЯТЫЙ МАРШРУТ

1. ПЬЯЦЦА ДЕЛЛА САНТИССИМА АННУНЦИАТА
2. ВОСПИТАТЕЛЬНЫЙ ДОМ С ПОРТИКОМ
3. БАЗИЛИКА САНТИССИМА АННУНЦИАТА
4. АРХЕОЛОГИЧЕСКИЙ МУЗЕЙ
5. ЦЕРКОВЬ СВ. МАРИИ МАГДАЛИНЫ ДЕИ ПАЦЦИ
6. СИНАГОГА
7. ТЕАТР "ПЕРГОЛА"
8. ИСТОРИКО-ТОПОГРАФИЧЕСКИЙ МУЗЕЙ "ФЛОРЕНЦИЯ В ПРОШЛОМ"

1 **ПЬЯЦЦА ДЕЛЛА САНТИССИМА АННУНЦИАТА.** Благодаря благородству и изящности своей архитектуры эта площадь считается лучшим образцом Ренессанса. Она окружена с трёх сторон **портиками:** с северной — **церкви Сантиссима Аннунциата** (Благовещенская церковь); с западной — **Дома Братства сервитов** (слуги Девы Марии), постройки **Антонио да Сангалло** и **Баччо д'Аньоло** (1525); с восточной — **Воспитательного дома** постройки **Брунеллески** (1419—26). В центре площади — *конная статуя* Фердинандо I, начатая **Джамболонья** и законченная **Такка** (1608). Довершают украшение площади *два бронзовых фонтана* **Такка** и его учеников (1629). Между домом Братства сервитов и виа деи Серви — **Палаццо Грифони Амманнати** (1563). На виа деи Серви, №15, — **дворец Бутурлиных**, принадлежавший этому семейству с 1824 г. по 1918 г.

2 **ВОСПИТАТЕЛЬНЫЙ ДОМ С ПОРТИКОМ.** Приёмный дом для подкидышей, старинейшее учреждение этого рода в Европе, был возведён по плану, составленному **Брунеллески** в 1419 г., и закончен его учеником **Франческо делла Луна** в 1445 г. Вход в здание предварён невысокой лестницей и **портиком** с девятью арками на изящных колоннах. Фасад украшен десятью майоликовыми *медальонами* с изображением "невинных" (подкидышей) — замечательная работа **Андреа делла Роббиа**. В портике внутреннего двора, слева в люнете — другая его же работа, *Благовещение*. На втором этаже, в коридоре, опоясывающем двор, выставлена *коллекция фресок и подготовительных набросков* флорентийской школы XIV—XVIII вв. В двух высоких залах третьего этажа —**Галерея Воспитательного дома**, экспозиция картин **Боттичелли, дель Сарто, Понтормо, Доменико Гирландайо** и др.

БАЗИЛИКА САНТИССИМА АННУНЦИАТА в честь Благовещения Пресвятой Богородицы построена в 1250 г., но в XV в. ее полностью перестроил **Микелоццо** (в дальнейшем её также несколько раз перестраивали). За коринфским *портиком* XVII в. следует застеклённая паперть — **Двор обетов**, возведённый в 1447—52 гг. **Манетти** по проекту **Микелоццо** и расписанный **Понтормо, А.дель Сарто, Россо Фиорентино** и другими выдающимися тосканскими маньеристами. Внутри однонефного барочного зала, слева — богато украшенная, маленькая *Капелла*, сооружённая по рисункам **Микелоццо** (1447—61) для чудотворного образа Благовещения. Рядом — барочная **Капелла с гробницей Ф.Ферони**, работа **Фоджини** (1692) с алтарным образом *Спасителя и Св.Иулиана* **Андреа дель Кастаньо**. В других боковых капеллах — интересные произведения **Перуджино, Бернардо Росселлино** и **А.дель Кастаньо**. Большая *алтарная трибуна (ротонда)* **Микелоццо** покрыта полусферическим **куполом Л.-Б.Альберти** (1444).

В **монастырском дворе**, постройки **Микелоццо**, т.н. **Дворе мёртвых** (выход во двор в левом трансепте), — знаменитая *Мадонна дель Сакко* (с мешком) **А.дель Сарто**, фрески **Поччетти** и **Маттео Россели**. На северной стороне двора — вход в **Капеллу Братства Св.Луки**, некогда служившую местом заседаний

Вид на церковь Сантиссима Аннунциата и Воспитательный дом.

Академии рисунка, а затем обращённую в усыпальницу художников— здесь погребены Челлини, Понтормо. Здесь же хранятся работы **Антонио да Сангалло, Луки Джордано, Вазари, Бронзино** и **Санти ди Тито**.

АРХЕОЛОГИЧЕСКИЙ МУЗЕЙ (виа делла Колонна, 38). Размещён в *Палаццо Крочетта*, построенном **Париджи** в 1620 г. для Великой

Пятый маршрут

Химера, этрусская бронза, V—IV вв. до Р.Х.

герцогини Марии-Маддалены Австрийской. Основан в 1870 г. и содержит выдающуюся коллекцию (особенное значение имеет этрусский отдел).
Первый этаж — *Собрание греческой, этрусской и римской скульптуры* (Артемида Лафриа), **Топографический музей Этрурии** (в саду — этрусские гробницы и могильные памятники).
Второй этаж — *Египетский музей*, один из важнейших в мире; **этрусско-греко-римский Антиквариум** с античной скульптурой и бронзой (*Оратор, Арецская химера, "Идолино"*); **Зал нумизматики** и **Собрание драгоценностей**: геммы, золотые и серебряные изделия, ценное стекло.
Третий этаж — продолжение **Антиквариума** и **Доисторический отдел**, посвящённый Тоскане; залы с итальянскими и восточно-средиземноморскими предметами, коллекция глиняных и терракотовых ваз *(Ваза Франсуа)*, живопись из гробниц Орвието; этрусская гипсотека.

5 **ЦЕРКОВЬ СВ.МАРИИ МАГДАЛИНЫ ДЕИ ПАЦЦИ** (Борго Пинти, 58). Монастырская церковь основана бенедектинцами в XIII в., которые затем передали её цистерцианцам.
Впоследствии церковь неоднократно перестраивалась, в т.ч. на рубеже XV-XVI вв. — по проекту **Дж. да Сангалло**, который одновременно построил просторный монастырский *двор*. Церковный зал был переделан в XVII—XVIII вв., когда в

монастыре обосновались кармелитки. Тогда же была возведена **главная капелла** в стиле барокко (арх.Ферри) с фресками Сильвани и Дандини и двумя картинами на стенах **Луки Джордано** на темы *Жития Св.Марии Магдалины деи Пацци*.
В **монастырском капитуле** — прекрасные фрески **Перуджино** (1494—96): в центре — *Распятие с Магдалиной*, слева — *Дева Мария и Св.Бернард*, справа — *Иоанн Богослов и Св.Бенедикт*.

СИНАГОГА (виа Фарини, 4). Построена на средства банкира и кавалера Давида Леви, который хотел соорудить «монументальный храм, достойный Флоренции». Проект в мавританском стиле составили **Тревес**, **Фальчини** и **Микели** (1874—82). Здание увенчано огромным полусферическим куполом из бронзы. Внутри — роскошная отделка (фрески, венецианская мозаика).
Во дворе, на мраморных плитах высечены имена флорентийских евреев, депортированных и погибших во время Второй Мировой войны. При синагоге открыт **Еврейский музей** с рукописями и священными предметами.

Синагога

ТЕАТР "ПЕРГОЛА" (виа делла Пергола, 18). Первый европейский театр овальной формы с поднятой сценой построен **Фердинандо Такка** (1652).
Здесь были впервые опробованы передвижные декорации, распространившиеся затем по всему миру.

ИСТОРИКО-ТОПОГРАФИЧЕСКИЙ МУЗЕЙ "ФЛОРЕНЦИЯ В ПРОШЛОМ" (виа Сан Эджидио, 21). Размещён в старом **Монастыре "облаток"**, напротив госпиталя Санта Мария Нуова. Располагает богатым собранием картин, рисунков, эстампов, фотографий, посвящённых городской истории с XV в. до наших дней. Большую ценность имеет серия *люнет* с видами медицейских вилл, написанная темперой **Джусто Утенсом** (1599).
В этом же здании — **Флорентийский доисторический музей** с собранием предметов эпохи Неолита, Палеолита и Железного века, найденных при раскопках в Италии и Европе (оружие, украшения, окаменолости).

ШЕСТОЙ МАРШРУТ

1. ПЬЯЦЦА САНТА МАРИЯ НОВЕЛЛА
2. БАЗИЛИКА САНТА МАРИЯ НОВЕЛЛА
3. ЧЕНАКОЛО "ФОЛИНЬО"
4. ЦЕРКОВЬ И ЧЕНАКОЛО ОНЬИСАНТИ
5. ПАЛАЦЦО И ГАЛЕРЕЯ КОРСИНИ
6. БАЗИЛИКА САНТА ТРИНИТА
7. ЦЕРКОВЬ САНТИ АПОСТОЛИ
8. ПАЛАЦЦО ПАРТИИ ГВЕЛЬФОВ
9. ПАЛАЦЦО ДАВАНЦАТИ
10. ПАЛАЦЦО СТРОЦЦИ
11. ПАЛАЦЦО РУЧЕЛЛАИ
12. МУЗЕЙ ИСТОРИИ ФОТОГРАФИИ БРАТЬЕВ АЛИНАРИ
13. МУЗЕЙ МАРИНО МАРИНИ
14. КАПЕЛЛА РУЧЕЛЛАИ

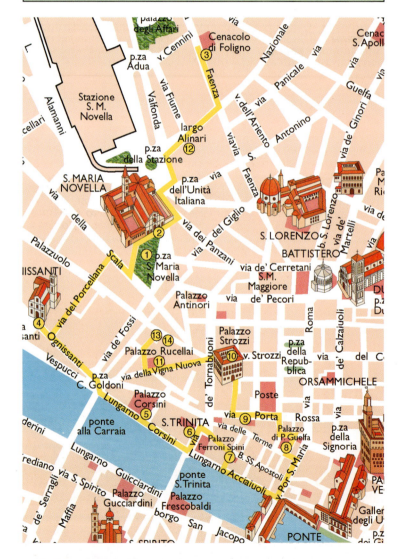

1 **ПЬЯЦЦА САНТА МАРИЯ НОВЕЛЛА.** В старину на этой ассиметричной средневековой площади проходили "бега квадриг" — конские ристалища, учреждённые Козимо I. Два мраморных обелиска **Джамболоньи** обозначали дистанцию бега. Напротив базилики — **Лоджия Св.Павла**, украшенная медальонами (мастерская делла Роббиа). Лоджия построена в конце XV в. и своим наружным видом напоминает знаменитый портик Воспитательного дома, сооружённый Брунеллески.

БАЗИЛИКА САНТА МАРИЯ НОВЕЛЛА. Эта прославленная флорентийская базилика — шедевр готической архитектуры треченто. Она основана на месте более старинной церкви и поэтому названа Новой (Новелла). Ясностью своих пропорций и сгущённостью пространства церковь выражает идеологию доминиканцев: в 1246 г. монахи **Фра Систо** и **Фра Ристоро** составили проект храма, а к 1360 г. **Фра Якопо Таленти** из Нипоццано закончил постройку (ему же принадлежит проект **ризницы** и изящной **колокольни**). Нижняя часть прелестного мраморного **фасада** с инкрустациями (в смешанном романоготическом стиле, верхняя — уже в стиле Ренессанса) построена **Л.-Б.Альберти** в 1476 г. (ему же принадлежит центральный портал). **Внутри** храм (в плане — буква Т) представляет собой трёхнефную базилику со стройными колоннами и стрельчатыми сводами. Перед посетителем предстают выдающиеся произведения искусства: между первым и вторым алтарями правого нефа — *Распятие*, ранняя работа Джотто, в центре нефа, *гробница блаженной Вилланы Черки* работы **Бернардо Росселлино** (1451); *Капелла Ручеллаи* с надгробием *Леонардо Дати* Гиберти (1423); алтарный образ правого трансепта *Мадонна с Младенцем* **Нино Пизано**; *Капелла Строцци* с фресками **Филиппино Липпи** (1503) и мраморной *гробницей Филиппо Строцци* **Бенедетто да Майано** (1441); *Главная капелла* со знаменитым циклом *фресок* **Доменико Гирландайо** и его учеников (1485—90) и алтарным бронзовым *Распятием* **Джамболоньи**; *Капелла Гонди* с деревянным

Базилика Санта Мария Новелла.

Шестой маршрут

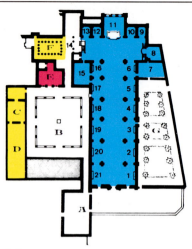

План базилики Санта Мария Новелла

1. Гробница сенатора Ипполито Вентури (С.Риччи).
2. Памятник блаженной Виллане (Бернардо Росселлино).
3. Сретение Господне (Нальдини, 1577).
4. Положение во Гроб (Нальдини).
5. Проповедь Св. Винченцо Феррери (Якопо дель Мельо, XVI в.).
6. Св. Раймонд воскрешает отрока (Якопо Лигоцци).
7. Капелла делла Пура.
8. Капелла Ручеллаи.
9. Капелла Барди.
10. Капелла Строцци.
11. Главная капелла.
12. Капелла Гонди.
13. Капелла Гадди.
14. Капелла Строцци.
15. Ризница.
16. Св. Иакинф (Алессандро Аллори).
17. Св. Екатерина Сиенская (Поччетти).
18. Воскресение (Вазари).
19. Св. Троица (Мазаччо).
20. Самаритянка у колодца (Алессандро Аллори).
21. Воскрешение Лазаря (Санти ди Тито).

A. Вход в монастырские дворы.
B. Зелёный двор.
C. Притвор трапезной.
D. Трапезная.
E. Большая Испанская капелла.
F. Дворик мертвых.
G. Старое кладбище.

Мазаччо: Троица, деталь.

Доменико Гирландайо: *Рождение Св. Иоанна Крестителя.*

Андреа ди Бонаюто: *Смертные грехи (Аллегория церкви), деталь.*

Распятием **Брунеллески** прославлена своими гармоничными пропорциями; **Капелла Строцци Мантуанских** с *фресками* **Нардо ди Чионе** (1357). В конце правого нефа — гробница Константинопольского патриарха Иосифа II, умершего во время Флорентийского Собора (1439). В **ризнице** находятся: *Распятие* **Мазо иль Бартоломео** (XV-ый век) и *купель* из мрамора и майолики **Джованни делла Роббиа** (1498). В левом нефе — известнейшая фреска **Троица Мазаччо** (ок.1427), которая выражает представления Ренессанса о перспективе. В **Зелёном дворике** внутри монументального комплекса, прилегающего к церкви (Музей Санта Мария Новелла) — **Большая Испанская Капелла**, сооружённая после 1350 г. Фра **Якопо Таленти** и целиком расписанная

Шестой маршрут

Боттичелли: Рождество, деталь.

Андреа да Фиренце с учениками (ок.1355). И, наконец, в *трапезной* — фрагменты перенесённых сюда фресок **Паоло Учелло** (первоначально украшали люнеты во дворе), посвящённых сюжетам из Книги Бытия.

3 ЧЕНАКОЛО "ФОЛИНЬО" (виа Фаэнца, 40—42). В рефектории упразднённого монастыря Св.Онуфрия, т.н. "Фолиньо", принадлежавшего некогда монахиням-францисканкам из города Фолиньо, в 1845 г. была случайно открыта *фреска* **Тайная вечеря**. Тогда её приписывали Рафаэлю, но сейчас называют имя **Перуджино** (ок.1490). Иконография фрески лежит в русле традиции флорентийского ченаколо (монастырская трапезная) эпохи позднего Возрождения. На заднем плане, однако, — типичный умбрийский пейзаж (в сцене Моления о Чаше).

4 ЦЕРКОВЬ И ЧЕНАКОЛО ОНЬИСАНТИ (Борго Оньисанти, 42). Церковь во имя Всех Святых сооружена в 1251—60 гг. для монахов-умилиатов, но в 1627 г. была целиком перестроена арх. **Бартоломео Петтиросси** для её новых владельцев, францисканцев. Барочный *фасад* возведён по плану Маттео Наджетти (1637) и украшен майоликой Б.Булоньи (1482). От первоначальной архитектуры уцелела лишь дивная **колокольня** (XIII в.). Однонефный интерьер почти полностью принадлежит эпохе барокко. У второго алтаря, справа: *Божия Матерь Милосердия, покрывающая плащом семью Веспуччи* и *Пьета* — фрески **Доменико** и **Давида дель Гирландайо**. У подножья алтаря — гробница семейства Веспуччи. Между третьим и четвёртым алтарями — известная фреска *Св.Августин в келии* **Боттичелли** (1480), а на противоположной стене — фреска *Св.Иероним в келии* **Доменико дель Гирландайо**. В *ризнице* — надпрестольное *Распятие* (школа Джотто) и *фрески* **Аньоло** и **Таддео Гадди**. В левом трансепте — плащ Св.Франциска, в который он был одет во время стигматизации (1224). В правом трансепте похоронен

Доменико Гирландайо: Тайная Вечеря, деталь.

Боттичелли. В изящном **дворе** в стиле Микелоццо (вход с площади), в люнетах — недавно отреставрированные фрески с Житием Св.Франциска (XVII в.) и вход в **Ченаколо**, расписанное **Доменико Гирландайо** (1480). В маленькой музейной экспозиции францисканцев представлены предметы церковного убранства и фрески.

ПАЛАЦЦО И ГАЛЕРЕЯ КОРСИНИ (Лунгарно Корсини, 10). Дворец построен в 1648—56 гг. архитекторами **Сильвани** и **Ферри**. Он сохраняет в своей основе старый план XVI в. наряду с позднейшими барочными пристройками. **Галерея**, основанная в 1765 г. Лоренцо Корсини, — самая значительная частная коллекция в городе. Она размещена на первом этаже и содержит, среди самых значительных работ, *Аполлон и Музы* **Тимотео Вити**, *Мадонна с Младенцем и юным Иоанном Крестителем* **Понтормо**, *Мадонна со Святыми* **Синьорелли** и *Распятие*, приписываемое **Антонелло да Мессина**. От дворца вниз по течению Арно — **Понте алла Каррайя**, возведённый в 1220 г., разрушенный наводнением в 1333 г. и вновь возведённый в 1346 г. Как и другие городские мосты (кроме Понте Веккио) он восстановлен в прежнем виде после разрушений последней войны. Вверх по течению Арно — **Понте Санта Тринита** (Троицкий), построенный в 1567—70 гг. **Амманнати** с помощью Микеланджело на месте деревянного моста XIII в. Он был полностью разрушен во время войны, но при восстановлении были использованы все уцелевшие части. По краям моста стоят статуи времён года. Голова Примаверы (Весны) нашлась далеко внизу по течению Арно только к 1950 г. И, когда, наконец, эту голову поставили, в городе был большой праздник: этот факт означал для флорентийцев действительный конец войны. В створе моста — **виа Торнабуони**, элегантная флорентийская улица со старинными дворцами, например: **Палаццо Спини-Ферони** (№2), кон. XIII в., или **Палаццо Фастелли-Джанфильяцци**

(№1). В конце улицы, на пьяцца Антинори — два примечательных здания: **Палаццо Антинори** (1461—66), в котором в 1920—30-х гг. проходили заседания общества *Русская Колония в Тоскане*, и **Церковь Сан Гаэтано** — редкий для Флоренции образец барокко (арх. **Ниджетти** и **Сильвани**, XVII в.).

6 БАЗИЛИКА САНТА ТРИНИТА (пьяцца Санта Тринита). Троицкая церковь изначально была построена монахами Валломброзы в романском стиле в XI в., затем её значительно расширили и перестроили в готическом стиле в XIII-XIV вв. В 1594 г. **Буон-**

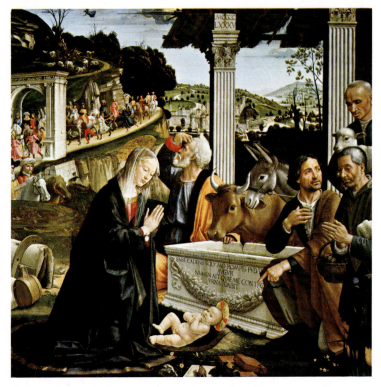

Доменико Гирландайо: Поклонение пастухов (церковь Санта Тринита, капелла Сассетти).

таленти возвёл барочный *фасад*. Интерьер, образующий в плане букву Т, — один из лучших примеров итало-готической архитектуры. В **Капелле Сассети** (справа от главного алтаря) — панель *Рождество* и прославленный цикл фресок с *Житием Св. Франциска* **Доменико дель Гирландайо** (1483—86).

В четвёртой капелле справа — панель *Благовещение* и фрески **Лоренцо Монако**.

7 ЦЕРКОВЬ САНТИ АПОСТОЛИ (пьяцца дель Лимбо, 1). Церковь во имя Святых Апостолов, возведённая в конце XI в. на месте древнеримских бань, сохраняет свою простую базиликальную структуру и является прототипом тоскано-романского стиля; в XVI в. она перестраивалась несколько раз. Церковь украшена чудесным *порталом* **Бенедетто да Ровеццано** (XVI в.). Внутри находится множество выдающихся произведений искусства, среди которых — *Непорочное зачатие* **Вазари**, майоликовый *табернакль* **А. делла Роббиа** и *гробница Оддо Альтовити* **Б. да Ровеццано**.

ПАЛАЦЦО ПАРТИИ ГВЕЛЬФОВ (пьяцца ди Парте Гвельфа). Изменения во вкусах, произошедшие от треченто к чинквеченто, наглядно представлены в этом палаццо, начатым в первом десятилетии XIV в. и множество раз перестраиваемым в XV—XVI вв. Во дворце сохранились *Главный зал* в стиле Брунеллески с деревянным потолком **Вазари**, *люнетой* **Л.делла Роббиа** и маленькая элегантная наружная *лоджия* **Вазари**. Среди различных учреждений, располагающихся в палаццо в настоящее время — ассоциация *Италия-Россия* с богатой библиотекой и видеотекой и *Международный институт Андрея Тарковского*. **8**

ПАЛАЦЦО ДАВАНЦАТИ (виа Порта Росса, 9). Палаццо периода треченто сооружён арх.Давицци в 1333 г., верхняя лоджия была добавлена в XV в. В настоящее время здесь располагается *Музей Старого флорентийского дома* с большой коллекцией убранства домов XV—XVI вв. (мебель, керамика, картины, скульптуры, гобелены, предметы домашнего обихода). На стенах — множество гербов (особенно их много в Павлиньем зале второго этажа). Перед дворцом, на площади — *Башня-дом Форези*. Одна из немногих, сохранившихся в этом квартале, она свидетельствует о широком распространении подобных башен в средневековой Флоренции. **9**

ПАЛАЦЦО СТРОЦЦИ (пьяцца Строцци). Этот дворец признан самым красивым среди дворцов флорентийского Ренессанса. Он был начат в 1489 г. **Бенедетто да Майано**, затем продолжен **Симоне дель Поллайоло**, прозванным Кронака, и закончен вчерне к 1504 г. (задняя часть здания некоторое время оставалась незавершённой). Фасады трехэтажного палаццо с окнами-бифоре выполнены в строгом рустичном стиле. Великолепный коринфский карниз увенчивает палаццо. Сейчас в нём располагаются различные учреждения культуры, в т.ч. — *Кабинет Вьёсё*, с богатым собранием русской классики и периодики XIX в. Иногда залы палаццо предоставляют для временных выставок. **10**

ПАЛАЦЦО РУЧЕЛЛАИ (виа делла Винья Нуова, 18). Дворец построен **Бернардо Росселлино** (1446—51) по плану **Л.-Б.Альберти**. Это здание — первый пример отказа от стиля Брунеллески и обращения к классическим формам, с пилястрами на всех трёх этажах. Напротив — застеклённая *Лоджия Ручеллаи* (1460—66), возведённая, как и у других городских палаццо, для разнообразных семейных событий. **11**

МУЗЕЙ ИСТОРИИ ФОТОГРАФИИ БРАТЬЕВ АЛИНАРИ (Ларго Алинари, 15). Открыт в 1985 г. для хранения фотоархива *братьев Алинари*, которым принадлежала старейшая в городе фотостудия. Архив обогащён фотографиями итальянских и зарубежных мастеров. Любопытна коллекция фотоаппаратов и антикварных предметов фотодела. Музей также предлагает интересную программу выставок. **12**

МУЗЕЙ МАРИНО МАРИНИ (пьяцца Сан Панкрацио). В 1988 г. в упразднённой *церкви Св.Панкратия* (основана в IX в.), после капитальной реконструкции, разместилось 176 работ **Марино Марини** (1901—80), которые маэстро и его супруга Марина Марини подарили городу. Среди них — известные *Кавалеры*, *Помона* и др. **13**

КАПЕЛЛА РУЧЕЛЛАИ (виа делла Спада). Рядом с бывшей церковью Св.Панкратия в *Капелле Ручеллаи* находится изящная мраморная *Капелла Гроба Господня* работы **Альберти** (1467). **14**

СЕДЬМОЙ МАРШРУТ

I – ФЛОРЕНЦИЯ ЗА ГОРОДСКИМИ СТЕНАМИ

1. ФОРТЕЦЦА ДА БАССО
2. ДВОРЕЦ КОНГРЕССОВ
3. РУССКАЯ ПРАВОСЛАВНАЯ ЦЕРКОВЬ
4. МУЗЕЙ СТИББЕРТА
5. АНГЛИЙСКОЕ КЛАДБИЩЕ
6. АББАТСТВО САН САЛЬВИ
7. ГОСУДАРСТВЕННЫЙ АРХИВ
8. ПЬЯЦЦАЛЕ МИКЕЛАНДЖЕЛО
9. ЦЕРКОВЬ САН МИНИАТО АЛЬ МОНТЕ
10. ФОРТ БЕЛЬВЕДЕРЕ
11. ПАРК КАШИНЫ

II – ГОРОДСКИЕ ОКРЕСТНОСТИ

1. ФЬЕЗОЛЕ
2. МОНАСТЫРЬ САН ДОМЕНИКО
3. ФЬЕЗОЛАНСКАЯ БАДИЯ
4. ФЬЕЗОЛАНСКИЙ СОБОР
5. МОНАСТЫРЬ САН ФРАНЧЕСКО
6. РИМСКИЙ АМФИТЕАТР
7. МУЗЕЙ БАНДИНИ
8. МУЗЕЙ ДЮПРЕ
9. СЕТТИНЬЯНО
10. ЧЕРТОЗА (КАРТЕЗИАНСКИЙ МОНАСТЫРЬ) В ГАЛЛУЦЦО
11. ВИЛЛЫ МЕДИЧИ
12. ЦЕРКОВЬ САН ДЖОВАННИ БАТТИСТА

ФЛОРЕНЦИЯ ЗА ГОРОДСКИМИ СТЕНАМИ. Прежде Флоренция была опоясана несколькими кольцами *крепостных стен*, из которых третье закончено по проекту Арнольфо ди Камбио к 1333 г. После объединения Италии это кольцо было разрушено для прокладки *бульваров* (виале). "Расширением" Флоренции занимался архитектор **Джузеппе Поджи**, частично изменивший исторический облик ее, но сохранивший некоторые из старых крепостных ворот: **Порта аль Прато**, **Порта Сан Галло**, **Порта алла Кроче**, **Порта Сан Никколо**, **Порта Сан Джорджо**, **Порта Сан Фредиано** и **Порта Романа**.

1 ФОРТЕЦЦА ДА БАССО. Нижняя крепость, возведённая **Антонио да Сангалло** (1534—37) для военной защиты Флоренции, сначала называлась крепостью Св.Ионна Крестителя. Сегодня здесь располагается **Реставрационный кабинет**, главный (вместе с римским отделением) центр в Италии по реставрации произведений искусства и проходят художественные и торговые выставки-продажи. У восточной стены крепости разбит сквер.

2 ДВОРЕЦ КОНГРЕССОВ (виале Филиппо Строцци, 2). Пример современной архитектуры (арх. Спадолини) тактично вписался в старый город. Палаццо стоит рядом с Нижней крепостью, в парке **Виллы Виктория**, бывшей Виллы Строцци-Ридольфи.

3 РУССКАЯ ПРАВОСЛАВНАЯ ЦЕРКОВЬ (виа Леоне Дечимо, 8). Двухэтажный **храм в честь Рождества Христова и во имя Св. Николая Чудотворца** построен в 1899—1903 гг. по проекту петербургского архитектора **М.Преображенского** в московско-ярославском стиле. В нижнюю церковь перенесены иконостас и утварь из *"Демидовской" церкви* в Сан-Донато-ин-Полвероза, верхняя украшена резным *мраморным иконостасом*, сооружённым на средства Императора Николая Второго. Далее бульварное кольцо ведёт к **пьяцца Либерта** (**Поджи** в 1860-е годы) в стиле флорентийского Ренессанса. В центре площади — **Порта Сан Галло** (1284) и помпезная **Триумфальная арка** в честь въезда в город Франческо II Лотарингского, преемника Медичи (1739). Виа Виктора-Эммануила II поднимается от площади на холм Монтуги и ведёт к грандиозной **вилле Стибберта** (XIX в.), где расположен одноименный *музей*.

4 МУЗЕЙ СТИББЕРТА (виа Стибберт, 26). Англичанин Фредерик Стибберт (1836—1906) страстно любил Италию, в которой он родился. Его вилла, вместе с богатым собранием картин (**Кривелли**, **Тьеполо**), тканей, мебели с малахитовым столиком Деми-

Русская православная церковь.

довых и, прежде всего, *оружия*, завещана Флоренции. Стибберт старался воссоздать атмосферу прошедших эпох, что ему удалось, особенно, в **Процессии рыцарей и пехотинцев** в итальянских, испанских, немецких и сарацинских доспехах XVI в.

АНГЛИЙСКОЕ КЛАДБИЩЕ (пьяцца Донателло). Первое некатолическое городское кладбище устроено в 1827 г. Здесь могилы поэтессы Э.-Б.Браунинг, поэта А.-Х.Клафа, писательницы Ф.Мильтон-Троллоп, проповедника Т.Паркера, деятеля культуры Ж.-П.Вьёсё, а также около 40 православных подданных Российской Империи. Кладбищенский холм с кипарисами вдохновил художника Арнольда Бёклина на создание картины *Остров мёртвых*.

АББАТСТВО САН САЛЬВИ (виа Сан Сальви, 16). На восточной окраине города сохранился монастырский комплекс, построенный в XI в. монахами-валломброзианцами, разрушенный во время осады города в 1312 г. и затем не раз перестроенный. В здании **монастыря** и **церкви Сан Микеле**, кроме коллекции *алтарных образов* флорентийской школы XVI—XVIII вв. (Вазари, Габбиани, М.Росселли и др.) и некоторых работ Бартолини, особый интерес представляет **трапезная**, расписанная **Андреа дель Сарто** и его учениками (Пулиго, Сольяни). На центральной стене — его *Тайная вечеря* (1519), которая принадлежит к лучшим работам маэстро.

7 ГОСУДАРСТВЕННЫЙ АРХИВ (виале Джоване Италия). На бульварном кольце, рядом с древними воротами **Порта алла Кроче**, что на пьяцца Беккария, стоит современное здание **Государственного Архива**. Архив хранит богатейшее собрание письменных документов различных религиозных и светских учреждений, начиная с VIII в., среди них — фонды Флорентийской республики; Медичи; Лотарингского Дома, монастырей и благотворительных учреждений, упразднённых в 1809 г.; дипломатических миссий иностранных государств, в т.ч. — России. **Понте Сан Никколо** через Арно ведёт к аллее с панорамным обзором, **виале деи Колли** арх.**Дж.Поджи** (1865-70) и к обзорной площадке — **пьяццале Микеланджело**.

8 ПЬЯЦЦАЛЕ МИКЕЛАНДЖЕЛО. Просторная терраса предлагает самую лучшую панораму города: в долине у подошвы Аппенин видна вся Флоренция, рассекаемая Арно. В центре обзорной площадки находится *Памятник Микеланджело* (1875) — бронзовая композиция из копий его прославленных работ (День, Ночь, Утро, Вечер и Давид). К югу от пьяццале Микеланджело возвышается **церковь Сан Миниато аль Монте**.

9 ЦЕРКОВЬ САН МИНИАТО АЛЬ МОНТЕ — прекрасный образец романского стиля начала XI в. (по преданию здесь в III в. пострадал за веру армянский царевич Миниат). **Фасад** XII—XIII вв.

Панорама Флоренции с пьяццале Микеланджело.

обшит белым и зелёным мрамором в так называемом инкрустационном стиле. Его нижняя часть состоит из пяти арок и трёх порталов. Среди декоративных украшений фасада — знаки зодиака; мозаика XII в. с изображением *Христа, Богоматери и Св.Миниата* и на самом верху — орёл, герб корпорации Калимала (купцов). **Интерьер** разделён колоннами на три корабля. Балки, поддерживающие свод, расписаны живописью XIV в. Боковые

Вид на церковь Сан Миниато аль Монте.

Интерьер церкви Сан Миниато аль Монте.

нефы заканчиваются лестницами, ведущими вниз, в **крипту**, где почивают мощи Св.Миниата. В глубине центрального нефа — аркада, повторяющая мотивы фасада. **Капелла Св.Распятия** в форме табернакля-дарохранительницы, маскирующая средний вход в крипту, сооружена **Микелоццо** на средства Пьетро Медичи "Подагрика". Розеты по её *своду* **Луки делла Роббиа** (1448), в глубине — складень с *Распятием*. **Ризница** в готическом стиле расписана **Спинелло Аретино** на тему *Жития Св.Бенедикта Нурсийского* (1387). В *левом нефе* находится **Капелла Иакова Португальского**, названная так по гробнице этого кардинала (ум.1439). Капелла возведена **Антонио Манетти** (1461—66). По своду капеллы — *медальоны* из поливной глины **Луки делла Роббиа** с аллегориями добродетелей, в нише — *надгробие*

Седьмой маршрут

Мозаика: Иисус Христос, Дева Мария и Св. Миниат.

покойного кардинала, шедевр **Антонио Росселлино**. Далее виале деи Колли приводит к живописной **виа Сан Леонардо**, где, в первом доме слева, в 1858 г. жил **П.Чайковский** (дом отмечен мемориальной доской). По этой улице можно пройти к **Форту Бельведере**.

10 ФОРТ БЕЛЬВЕДЕРЕ. Прекрасный образец крепостного зодчества возведен в XVI в. **Буонталенти** по желанию Великого герцога Фердинандо I для защиты его резиденции, Палаццо Питти. Крепость, иначе называемая Сан Джорджо, ныне служит местом проведения выставок и культурных мероприятий. У крепостной стены, вплотную к **Саду Боболи**, летом открыт популярный кинотеатр.

С бастионов форта и от **Палаццо Бельведере** открывается круговая панорама (самая высокая точка обзора) на город и его окрестности. Виале деи Колли, спускаясь к городу, приводит к **Порта Романа** (Римские ворота;1326). От этой старой заставы виале Петрарка ведёт к **Порта Сан Фредиано** (1334), откуда виа Пизана взбирается на **Монте Оливето** и холм **Беллосгуардо** (Прекрасный вид), издавна служивший излюбленным дачным местом состоятельных горожан. Вернувшись в город по мосту **Понте делла Витториа**, воссозданному после войны, можно попасть в **Парк Кашины**.

11 ПАРК КАШИНЫ. Огромный городской парк прежде был сельским угодьем Великих герцогов. Он простирается вдоль правого берега Арно на 3 км до устья Муньоне, впадающего в Арно. Флорентийцы любят прогуливаться по многочисленным аллеям парка (одна из них носит имя Достоевского в память о его пребывании во Флоренции). Каждый вторник здесь бурлит популярный базар. Для посетителей также открыт маленький зоопарк, ипподром, теннисные корты, бассейн, велотрек и проч. В конце парка — оригинальный *памятник* (1874) индийскому магарадже Райдраму Куттрапутти на месте сожжения его тела (магараджа умер во Флоренции). Выйдя из парка и пройдя мимо **Порта аль Прато** (1284), можно вернуться к Русской церкви.

Седьмой маршрут

ГОРОДСКИЕ ОКРЕСТНОСТИ

ФЬЕЗОЛЕ. Предместье стоит на холмах над долинами Арно и Муньоне, воспетых А.Блоком.
До существования Флоренции Фьезоле было одной из 12 столиц Этрурии. Завоёванный римлянами (ок.300 г. до Р.Х.), город не терял своего значения до покорения его Флоренцией в XII в. Здесь в XV в., благодаря меценатству Медичи, расцвели многие виды искусства.

МОНАСТЫРЬ САН ДОМЕНИКО (пьяцца Сан Доменико). Доминиканский монастырь под Фьезоле основан в начале XV в. *Портик* барочного типа возведён **Ниджетти** (1635) на средства Медичи. В ней жили Св.епископ Антонин и благочестивый художник Фра Беато Анджелико, работавший здесь до своего переселения в монастырь Св.Марка (художника иногда называют Анджелико да Фьезоле). Его кисти принадлежат две фрески: *Святое собеседование* (т.е. *Собор Святых с Девой Марией и Божественным Младенцем*) — в церкви и *Распятие* — в Зале капитула.
Снятая со стены трапезной фреска *Богоматерь со Святыми Домеником и Фомой Аквинским* была куплена Великим князем Сергеем Александровичем (сейчас в Эрмитаже).

ФЬЕЗОЛАНСКАЯ БАДИЯ (виа ди Бадия деи Роччеттини). До 1206 г. храм был кафедральным собором Фьезоле, затем монастырем камальдолийцев, а позже — чёрных бенедектинцев (отсюда название Бадия, аббатство).
В 1440 г. Бадия передана ордену августинцев. В 1456 г. началась перестройка церкви на средства Козимо Старшего, прерванная из-за его смерти (1464). Незаконченным остался и романский **фасад** (XII в.) из белого и зелёного мрамора.
Однонефный **интерьер** в духе Брунеллески. Здание аббатства, в котором Козимо Старший собрал редкую библиотеку, с 1753 г.

Фьезоланская Бадия.

Седьмой маршрут

Вид на Фьезоле с высоты птичьего полёта.

служило помещением Академии "Георгофилов" (агрономов). Сейчас здесь — **Европейский Университет**, где учатся аспиранты из стран Европейского Сообщества.

4 ФЬЕЗОЛАНСКИЙ СОБОР. Основан в 1028 г. и посвящён Св.Ромулу. Собор строился почти 300 лет, а затем отреставрирован в 1883 г. Его зубчатая **колокольня** в романском стиле (1217) выделяется на фоне городского пейзажа. **Внутри** собор делится массивными колоннами на три нефа. Абсида поставлена над криптой с мощами. По лестнице направо — **Капелла Салютати** с *Гробницей епископа Леонардо Салютати* **Мино да Фьезоле**. На площади перед собором — **Семинария** (1697) и **Епископский дворец**, построенный в XI в. и реконструированный в XVII в.

5 МОНАСТЫРЬ САН ФРАНЧЕСКО. Стоит на месте этрусско-римского Акрополя, самой высокой точке холма. Отсюда открывается панорама (**Бельведер**) на Арно и Флоренцию. Монастырь основан в 1330 г. как ораторий отшельников из Флоренции, а в 1407 г. расширен и перестроен францисканцами. В небольшой церкви с готическим интерьером — *Распятие* **Нери ди Биччи**, *Мадонна со Святыми* **Перуджино**, *Благовещение* **Раффаэллино дель Гарбо** и инкрустированные *хоры* XVI в. Из дворика ризницы — вход в **Этнографо-миссионерский музей** с этрусским, египетским и китайским отделами. Рядом с церковью — изящный двор Св.Бернардина Сиенского (XVI в.).

6 РИМСКИЙ АМФИТЕАТР (виа Марини, 1). Амфитеатр, построенный при Сулле и переделанный при Клавдии и Септимии Севере, вмещал до 3 тыс. зрителей. Сохранив 19 рядов и 3 разряда, ныне используется для представлений фестиваля *Фьезоланское*

Седьмой маршрут

Собор (Фьезоле).

лето и как летний кинотеатр. Входит в состав **Археологического музея**, в собрании которого — эллинистические и древнеримские предметы (раскопки Амфитеатра и др. мест Фьезоле).

МУЗЕЙ БАНДИНИ (виа Дюпре, 1). Открыт в 1878 г. Содержит флорентийскую живопись и скульптуру треченто и кватроченто (**А.Гадди**, **Л.Монако** и **Якопо дель Селлайо**). На первом этаже — представительная коллекция *майолик семьи делла Роббиа*.

МУЗЕЙ ДЮПРЕ (виа Дюпре, 19). От соборной площади виа Дюпре ведёт к небольшому **музею**, хранящему работы скульптора Дюпре (ум. 1882), пожертвованные городу его наследниками.

СЕТТИНЬЯНО. Предместье Флоренции, стоящее на холме — родина каменотёсов, в течение пяти веков работавших над зданиями и памятниками города. Каменотёсы Дезидерио да Сеттиньяно; Антонио и Бернардо Гамберелли, прозванные Росселлино; Лука Фанчелли и др. возвысились до уровня художественной скульптуры.

Среди местных достопримечательностей — романская **церковь Сан Мартино а Мензола**, **церковь Ассунта**, средневековый **Замок Винчильята**, **Вилла Гамберайя** с итальянским пейзажным парком XVI в. и **Вилла деи Татти** с **Библиотекой** и **Коллекцией Беренсона**, известного искусствоведа, с произведениями **Джотто**, **Б.Дадди**, **Дж.да Милано**, **С.Мартини**, **П.Лоренцетти**, **Д.Венециано**, **Л.Синьорелли**, **Дж.Беллини**, **В.Фоппа** и **Чима да Конельяно**.

ЧЕРТОЗА (КАРТЕЗИАНСКИЙ МОНАСТЫРЬ) В ГАЛЛУЦЦО. Монастырский ансамбль основан в 1342 г. на средства флорентийца Н.Аччайоли. Многочисленные перестройки наложили на ансамбль отпечаток многих стилей — от готического до классического. Входная лестница ведёт в **Пинакотеку**, где выставлены выцветшие фрески *Страсти Господни* **Понтормо** (1525), ранее находившиеся в пяти люнетах Большого двора.

На первом монастырском дворе высится фасад (XVI в.) **церкви Св.Лаврентия**, внутри которой — живопись **Поччетти, Дж. да Сан Джованни** и **Р. Манетти** и инкрустированные сидения хора. Монастырский **двор** служит садом и кладбищем для братии. Под арками двора — двери, ведущие в *келии*.

11 ВИЛЛЫ МЕДИЧИ служат наглядным свидетельством главенства Медичи с утверждением Великого герцогства Тосканского над

Общий вид Чертозы в Галлуццо.

всей округой Флоренции, а также являются интересными памятниками политической, экономической, агрокультурной истории и памятниками искусства.

Вилла Кареджи (Флоренция) куплена Козимо Старшим в 1417 г. и перестроена по его поручению **Микелоццо** (1433). Её старинные комнаты больше всего напоминают о внуке Козимо, Лоренцо Великолепном, который любил жить здесь в окружении учёных, гуманистов и философов.

В прекрасной лоджии, в саду, проходили заседания Платоновской Академии. Кроме памятной лоджии, сохранились фрески **Понтормо** и **Бронзино**.

Вилла Кастелло (местность Кастелло, 6 км на сев.-зап. от Флоренции), построенная в XIV в., отреставрирована **Вазари** (1480), расписана **Понтормо** и **Вольтеррано**. Здесь расположена лингвистическая *Академия делла Круска* с *Библиотекой* и *Музеем*. Парк XVI в. разбит по плану **Никколо Триболо** и украшен скульптурами **Амманнати** и **Джамболоньи**.

Вилла Петрайя (близ Кастелло) перестроена из средневекового замка **Бернардо Буонталенти** (1576—84), а позднее расписана **Вольтеррано** сценами, прославляющими семейство Медичи. Во второй половине XIX в. вилла пережила новый расцвет как летняя резиденция Савойского Дома. Парк виллы образует одно целое с парком виллы Кастелло.

Вилла Поджо-а-Кайано (18 км на запад от Флоренции) начата в 1480 г. **Джулиано да Сангалло** и продолжена **Буонталенти**. Любимая резиденция Медичи, а также Виктора-Эммануила II, который жил здесь с морганатической супругой, графиней Мирафиори. Виллу обессмертили поэт Полициано, художник **Креспи** *(Ярмарка в Поджо-а-Кайано).* Среди убранства — работы **делла Роббиа**, **Б.Бандинелли**, **Франчабиджо**, **Понтормо** *(Аллегория Вертумна и Помоны),* **А.Аллори** и **Андреа дель Сарто**.

Вилла Артимино (22 км на запад от Флоренции) построена **Буонталенти** (1594) как образцовое имение Медичи. Она стоит на холме, откуда открывается вид на Арно, Флоренцию, Прато и Пистойю, и считается одной из самых красивых.
Под виллой — ***местечко*** Артимино, опоясанное средневековыми стенами.

Вилла Бельканто (Фьезоле) сохранилась лишь во фрагментах. Примечателен висячий сад, разбитый **Микелоццо** (1458) по желанию Козимо Старшего.
Во времена Лоренцо Великолепного вилла принимала Полициано и Пико делла Мирандола.

Вилла Пратолино, или **Вилла Демидофф** (6 км на север от Флоренции) построена **Буонталенти** (1568—81) для Франческо I. В 1872 г. виллу купил Павел Демидов, князь Сан Донато, поставивший здесь *памятник Н. Демидову* (копия на Демидовской пл., Флоренция). На вилле жила последняя итальянская Демидова, кн. Мария Павловна (в замужестве Абамелек-Лазарева, ум. в 1955 г.).
Сейчас здесь **Муниципальный музей**, одна из его достопримечательностей—статуя *Аппеннино* **Джамболоньи**.

ЦЕРКОВЬ САН ДЖОВАННИ БАТТИСТА (Автострада дель Соле—выезд Флоренция-Норд) построена **Дж. Микелуччи** (1961—68) в рациональном стиле. Её структура, по замыслу автора, должна напоминать палатку, сооружение "транзитного" типа. Внутри — *панели* **Эмилио Греко**, представляющие Святых патронов главных городов, расположенных на автостраде. **Микелуччи** также принадлежит проект **Центрального вокзала Санта Мария Новелла**.

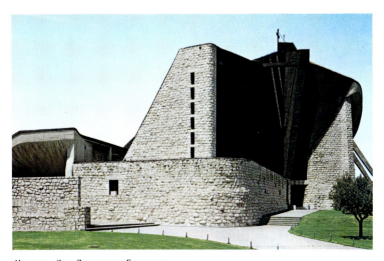

Церковь Сан Джованни Баттиста.

УКАЗАТЕЛЬ

БИБЛИОТЕКИ:
- Государственный архив 104
- Лауренциана 54

ДОМА:
- Буонарроти 82
- Данте 82

ГАЛЕРЕИ:
- Академии 60
- Воспитательного дома 90
- Королевские аппартаменты (Палаццо Питти) 70
- Корсини 99
- Палатинская (Палаццо Питти) 66
- Современного искусства 72
- Уффици 19

КАПЕЛЛЫ:
- Бранкаччи 75
- Испанская (Большая) 98
- Князей (Государей) 54
- Медичи 54
- Пацци 87
- Ручеллаи 101

Кладбище, Английское 103

КОЛОКОЛЬНИ:
- Кампанила Джотто 45

КРЕПОСТИ:
- Фортецца да Бассо 102
- Форт Бельведере 106

ЛОДЖИИ:
- Бигалло 39
- Воспитательного дома 90
- Нового рынка 63
- Синьории 8

МОНАСТЫРИ:
- Сан Марко 59

МОНАСТЫРСКИЕ ДВОРЫ:
- "Апельсиновый" (Флорентийская Бадия) 82
- Зелёный (Санта Мария Новелла) 96
- Мёртвых (Сантиссима Аннунциата) 91
- Сан Лоренцо 54
- Санта Кроче 83
- Св. Антонина (Сан Марко) 59
- "Скальцо" 58

МОСТЫ:
- Понте Веккио 65

МУЗЕИ:
- Антропологический и этнологический (Национальный) 82
- Археологический 91
- Бардини (Галерея Корси) 89
- Ботанический 58
- Буонарроти 82
- Геологический и палеонтологический 58
- Дом Данте 82
- Истории науки 89
- Истории фотографии
- Каретный 72
- Консерватории Луиджи Керубини 62
- Марино Марини 101
- Национальный (Барджелло) 79
- Поделочных камней 62
- Сан Марко 59
- Санта Кроче 87
- Серебряных изделий (Палаццо Питти) 70
- Собора (Опера дель Дуомо) 46
- "Спекола" 73
- Стибберта 102
- Топографический 93

ОКРЕСТНОСТИ:
- Виллы Медичи 110
- Монастырь Сан Доменико 107
- Монастырь Сан Франческо 108
- Музей Бандини 109
- Музей Дюпре 109
- Римский амфитеатр 108
- Сеттиньяно 109
- Фьезоланская Бадия 107
- Фьезоланский собор 108
- Фьезоле 107
- Чертоза (Катезианский монастырь) в Галлуццо 109
- Церковь Сан Джованни Баттиста 111

ПАЛАЦЦО (Дворцы):
- Барджелло 78
- Даванцати 101
- Конгрессов 102
- Корсини 99
- Медичи-Риккарди 56
- Нонфинито 82
- Партии гвельфов 101
- Питти 65
- Ручеллаи 101
- Синьории (Палаццо Веккио) 9
- Строцци 101
- Суконщиков 38
- Уффици 18

ПАРКИ:
- Кашины 106

ПЬЯЦЦЫ (Площади):
- Дуомо (Соборная), дель 39
- Пьяццале Микеланджело 104
- Республика, делла 63
- Сан Лоренцо 52
- Сан Марко 58
- Сан Фиренце 78
- Санта Кроче 83
- Санта Мария Новелла 94
- Санта Тринита 100
- Сантиссима Аннунциата 90
- Санто Спирито 74
- Синьории 6

САДЫ:
- Боболи 73

Синагога 93

Театр "Пергола" 93
ТРАПЕЗНЫЕ (Ченаколо):
- Оньисанти 98
- Сан Сальви 104
- Сант' Аполлония 57
- Санто Спирито 74
- "Фолиньо" 98

ЦЕРКВИ:
- Баптистерий (Сан Джованни) 40
- Домский собор (Санта Мария дель Фиори) 41
- Оньисанти 98
- Орсанмикеле 38
- Русская православная 102
- Сантиссима Аннунциата 91
- Санти Апостоли 100
- Санта Кроче 83
- Сан Лоренцо 52
- Сан Марко 58
- Санта Мария дель Кармине 75
- Санта Мария Маддалена де' Пацци 92
- Санта Мария Новелла 95
- Сан Миниато аль Монте 104
- Сан Сальви 103
- Санто Спирито 74
- Санто Стефано аль Понте 64
- Санта Тринита 100
- Санта Феличита 65
- Сан Фредиано ин Честелло 75
- Флорентийской Бадии 81

© Издательство Джусти С. Бекоччи & С. - Флоренция

Фотографии:
Архив Издательства Джусти С. Бекоччи и К°
Стр. 46: Страшный Суд, деталь (реставрирован) — Отдел по охране окружающей среды и архитектурных памятников Arte e Immagine (Общество с ограниченной ответственностью)

Текст:
Джованни Казетта

Перевод и дополнения:
Михаил Талалай

Графика и оригинал-макет:
Карло Маннуччи

Обложка:
Массимо Капаччоли

Редактирование:
Издательство Бекоччи

Печать:
Graficalito Firenze

Все права зарезервированы